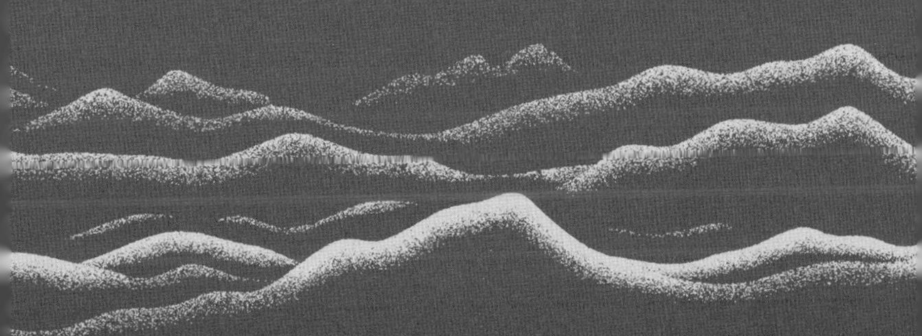

독학이라는
세계

独学術
DOKUGAKUJUTSU

생각하는 힘을
잃어버린
어른들을 위한

독학이라는 세계

시라토리
하루히코 지음

양필성 옮김

클랩북스

AI 시대, 인간은 왜
스스로 생각해야 하는가

AI에게 질문하고, AI가 내놓은 대답을 당신은 정답으로 받아들이는가. 그렇다면 아침부터 밤까지 직접 생각할 필요 없이, 해야 할 말과 행동을 모두 AI에게 물어보면 될 것이다.

그 순간 당신이 존재할 이유는 사라진다. 모든 판단을 AI에게 맡긴다면 인간의 존재는 불필요해질 테니 말이다. 그런데도 우리는 끊임없이 AI에게 질문하고 AI의 처방대로 움직인다. 고작 하나의 의문을 해소하기 위해 AI가 없던 시절보다 훨씬 많은 전력, 시간, 비용을 쓰면서 말이다. 아이러니한 일이다.

그런 시대를 맞이한 당신에게 나는 '독학'을 권하고 싶다. 이 책의 요지는 간단하다. 스스로 우직하게 탐구해 보자는 것이다. AI에게 물으면 금방 답이 나오는 문제를 일부러 시간을 들여 생각하고, 책을 읽고, 머

칠이고 몇 주고 탐구해 볼 것을 권하는 책이다. 왜 그런 귀찮은 일을 해야 할까? 그래야 비로소 '자신'이 되기 때문이다.

"나는 이미 나인데, 비로소 자신이 된다는 말은 무슨 뜻이죠?"

누군가는 이렇게 반문할 것이다. 그러나 누구나 처음부터 자기 자신으로 사는 것은 아니다. 그렇게 태어났다 해도, 자기 자신으로 사는 순간은 생각보다 많지 않다.

예를 들어 스승이나 부모의 훈계, 조직의 상사나 정부의 지시를 받고 그대로 행동하는 모습은 자기 자신으로 사는 것과 거리가 멀다. 그 순간의 나는 단순한 도구에 불과할지도 모른다. 누군가의 지시대로 행동하는 상태를 정말 '나답다'고 부를 수 있을까? 로봇이 아니라 인간이라면 자신에게 내려온 지시의 의미를 생각하고, 그것을 그대로 따를지 말지 고민하며, 다른 가능성을 궁리할 줄 알아야 한다.

학교에서 배운 내용을 그대로 암기하고 답안지에 옮겨 적는 모습은 로봇과 크게 다르지 않다. 다만 오류가 조금 많은 로봇일 뿐이다. 암기한 내용이 무엇을 뜻하는지, 왜 그런 사고가 나왔는지는 알지 못한 채 무작정 외우는 것이 흔히 말하는 '공부'의 민낯이다.

진짜 공부란, 수학 시간에 배운 피타고라스 공식을 암기하는 대신, 시간을 들여 스스로 증명해 보려는 시도 같은 것이다. 이는 기원전 6~5세기 그리스에 살았던 수학자의 사고 과정을 다시 느껴 보는 일이다.

교과서에 적힌 내용을 시험지에 재현하는 일은 로봇도 할 수 있다. 번거롭고 시간이 걸리는 탐구는 오직 자신으로 사는 사람만이 누리는 특권이다. **인간은 스스로 탐구할 때만 비로소 자신이 된다.** 자신이 된다는 것은, 누구도 흉내 내지 못할 독보적인 창의력을 가진 존재가 된다는 뜻이다. 그런 '나'는 세상에 단 하나뿐이기에 우리는 모두 대체 불가능한 존재다.

독학은 바로 그런 자신이 되기 위한 길이다. 직접 읽고, 느끼고, 생각할 때, 인간은 자신이 살아가는 이유를 조금이나마 이해할 수 있게 된다. 존중받아 마땅한 인간의 탄생이다.

2026년

시라토리 하루히코

탐구의 즐거움을
잃어버린 이들에게

이 책을 읽은 사람은 이미 알고 있을 것이다. 이것은 독학의 방법론이 아니라, 독학에 임하는 자세를 나의 방식으로 풀어 쓴 책이다. 당장 써먹을 수 있는 기술은 적혀 있지 않다. 그래서 실용성을 중시하는 독자에게는 환영받지 못할 수도, 도움이 되지 않는다고 느껴질 수도 있다.

무엇보다 시험에서 좋은 성적을 얻고자 펼친 사람과는 전혀 맞지 않을 것이다. 하지만 솔직히 말해서, 시험 성적을 조금 잘 받아 무엇이 달라진단 말인가? 그것이 정말 두뇌의 우수함이나 인간으로서의 유능함을 증명해 주는가? 그렇지 않다. 기껏해야 누군가에게 부려지는 도구로서의 성능이 '약간 우수하다'는 걸 보여 줄 뿐이다.

시험이란, 미리 준비된 정답을 얼마나 많이 맞혔는

지 평가하는 장치다. 출제자의 예상보다 뛰어난 수준의 답을 적었더라도 정해진 점수 이상은 얻지 못한다. 시험은 오직 정해진 범위 안에서의 사고만 허용한다. 또한 시험은 지식의 양이나 요령의 숙련도 정도만을 측정한다. 암기력과 기술이 뛰어난 덕에 합격한 사람과, 실제로 해당 분야에 정통해 별도의 준비 없이도 합격한 사람의 질적 차이를 가려내지 못한다. 나는 이 책을 통틀어 후자의 공부에 관해 이야기하려 한다.

경제적·사회적 이득을 기대하며 시험에 합격하려는 태도는 근시안적이다. 게다가 정말 이득을 볼지는 아무도 보증해 주지 않는다. 그런 눈앞의 일밖에 보지 못하는 작은 인간이 되어서 어떡하겠다는 것인가. 손익을 따져 움직이는 인간이 되어서 무엇을 얻겠다는 것인가. 도대체 어디서 무엇을 보고 그런 판단을 할 수 있단 말인가. 그건 망상에 불과하다.

세상에 넘쳐나는 하우 투How to 서적과 테크닉을 나열한 책들이 그런 망상에 힘입어 만들어졌다. 그런 책들이 당장 도움이 될 것처럼 보이고 실제로 시험에 합격하는 열쇠가 되기도 하지만 그 이후의 현실까지 책임져 주지는 않는다.

알다시피 시험만을 목표로 한 공부는 괴롭고 압박이 크다. 한정된 시간 동안 흥미도 없는 내용을 얕고 넓게 외워야 하기 때문이다. 시험이 끝나면 그 지식은 자신의 피와 살이 되기도 전에 머리에서 사라진다. 실제 업무에 활용할 수 있는 것도 많지 않다.

그런 공부보다는 자신의 흥미를 자신의 속도에 맞춰 끝까지 파 보는 독학이 훨씬 낫지 않은가?

알고 싶어서, 흥미가 있어서, 더 깊이 파고들고 싶어서 하는 공부만큼 강한 동기는 없다. 그런 동기는 억지로 유지하지 않아도 자연스럽게 이어진다. 독학이라는 세계에 들어서는 순간 비로소 새로운 발상과 새로운 힘이 생겨난다고 믿는다.

많은 것들을 스승으로 삼는다.

그것도 어설픈 스승이 아니라

구체적으로 말하면,

최고의 '책'을 스승으로 삼는 것이 독학이다."

"특정한 스승을 두지 않는 대신,
많은 것들을 스승으로 삼는다.
그것도 어설픈 스승이 아니라
최고 수준의 스승을 곁에 둔다.
구체적으로 말하면,
최고의 '책'을 스승으로 삼는 것이 독학이다."

1장

독학의 세계

모르는 채로
나아가는 기쁨을 배우다

아이는 학습을,
어른은 독학을 한다

스스로 공부하지 않으면
아무것도 얻을 수 없다

평생학습이라는 말은 누가 만들었을까? 누가 만들었든 참 이상한 말이다. 어른이 이제 와서 새삼스럽게 '학습'을 한다 한들, 어쩔 도리가 없기 때문이다. 학습의 본질은 모방, 즉 흉내 내기다. 글자를 쓰지 못하는 아이가 교본을 보고 그대로 따라 쓰는 행위가 학습이다. 학습은 얼마나 정확하게 흉내 내는지가 중요하다. 아이들이 붓글씨를 배우는 과정을 습자習字라고 부르는 이유도 여기에 있다. 서도書道라고 하지 않는 건 아직 모방 단계에 머물러 있기 때문이다. 서도란, 배움을 넘어 자기만의 글씨를 쓰는 경지를 말한다.

어른 중에도 붓글씨를 배우는 사람이 있다. 이는 여전히 습자다. 간혹 서도라고 부르기도 하지만 그건 어른의 자존심을 지켜 주기 위한 배려일 뿐, 실제로는 돈을 내고 시간을 보내며 사람을 만나는 취미 활동에 가깝다.

이 책에서 말하는 독학獨學은 그런 취미 같은 공부도, 삶의 무료함을 달래기 위한 배움도 아니다. 강사의 방식을 그대로 따라 하고 만족하는 수준의 학습은 더더욱 아니다. 학습은 어린아이나 아무것도 모르는 사람이 내딛는 첫걸음이다. 그 단계를 넘어선 어른이 해야 하는 것은 독학이다.

독학은 배움Learn이 아니라 스터디Study다. 여기서 말하는 스터디란 '깊이 파고드는 행위'를 뜻하는데, 우리말로 딱 들어맞는 표현이 없다. '연구'라고 해석하면 뉘앙스가 조금 다르다. 그러니 앞으로 우리에게 익숙한 표현인 학습이나 공부라는 단어를 쓰더라도, 그 속에 담긴 의미는 단순한 모방이 아니라 '스터디'라는 점을 기억해 주길 바란다.

독학이라는 말에는 왠지 고독한 느낌이 묻어난다.

혼자서 묵묵히, 다소 우울하게 책상 앞에 앉은 모습이 떠오르기도 한다. 하지만 독학의 '독獨'은 외로움을 뜻하는 게 아니라 특정한 스승을 두지 않는다는 뜻이다. 특정한 스승을 두지 않는 대신, 많은 것들을 스승으로 삼는다. 그것도 어설픈 스승이 아니라 최고 수준의 스승을 곁에 둔다. 구체적으로 말하면, 최고의 '책'을 스승으로 삼는 것이 독학이다.

물론 외국어처럼 독학이 어렵게 여겨지는 분야도 있다. 외국어는 학원에 가서 배워야 한다고 말하는 사람도 있지만 학원에 다닌다고 외국어가 느는 게 아니다. 스스로 공부하는 과정이 없다면 언어는 결코 몸에 배지 않는다.

어학원에서 200명이 동시에 수강을 시작해도 마지막까지 남는 사람은 손에 꼽는다. 수강생의 95퍼센트 이상이 중도에 포기한다. 왜일까? 이유는 간단하다. 스스로 공부하지 않기 때문이다. 어학원을 가든 대학에 다니든, 스스로 공부하지 않으면 자기 것이 되지 않는다. 독학이라는 뒷받침이 없으면 정해진 진도조차 따라갈 수 없다. **스스로 공부할 줄 모르는 사람이**

그만큼 많다. 그래서 어학원은 신규 수강생이 끊임없이 밀려오는 순환 덕분에 운영을 유지해 간다.

이 책은 혼자 공부를 시작했지만 왠지 불안하고 막막한 사람들을 위해 썼다. 그들에게 용기와 지침, 그리고 요령을 알려 주는 것이 이 책의 목적이다.

대학 공부에
충실하지 않아도 된다

나는 학교 다닐 때 공부를 잘하지 못했다. 시험공부도 거의 하지 않았다. 아니, 하지 못했다고 하는 편이 맞겠다. 칠판에 빼곡히 적힌 내용을 외우는 일은 도저히 나와 맞지 않았다. 대학에 가서도 수업에는 좀처럼 흥미가 생기지 않아서, 강의를 빼먹고 당구장에 가거나 오래된 책을 읽으며 시간을 보냈다.

그 당시에 내가 읽은 책 중에는 교수들이 연구를 위해 읽는 책도 있었다. 이는 교수들과 같은 수준에 서는 일이기도 했는데, 그 이후로 묘한 변화가 생겼다. 교수가 강의 중 어느 부분을 슬쩍 건너뛰는지, 어디를

얼버무리는지 보이기 시작한 것이다.

모범생들은 시험공부를 해서 좋은 성적을 받았지만 나는 따로 공부하지 않아도 좋은 점수를 받았다. 기이한 경험이었다. 나에게 대학은 학교 건물 안에 있는 게 아니라 내 안에 있었던 셈이다.

졸업 후 독일 대학으로 유학을 갔다. 그곳에서도 본질은 같았다. 내가 해야 할 일은 독학이었다. 당시 독일 대학은 학년의 구분도 없고 고대 그리스어, 고대 라틴어 외에는 필수 과목도 거의 없었으므로 신입생과 박사 과정 학생이 같은 수업을 듣는 일이 흔했다. 교수는 수업이라는 형태로 하나의 샘플을 보여 줄 뿐, 무엇을 어떻게 연구할지는 전적으로 학생의 의지와 관심에 달려 있었다. 그곳은 독학의 장이었다.

누군가는 "대학 나와 봤자 사회에서 쓸모없다"라고 말한다. 틀린 말이다. 대학을 나왔어도 독학을 하지 않았기 때문에 쓸모가 없어지는 것이다. "그때 공부 좀 더 해 둘걸"이라는 후회도 잘못됐다. 학교는 정해진 답을 공부하는 곳이기도 하지만, 새롭게 독학할 수 있는 곳이기도 하다. 학교 공부에 충실해야 한다는 고정관념 때문에 그런 후회를 하는 것이다.

공부가 하고 싶다면 지금 당장 시작하면 된다. 실험 장비가 필요한 이공계를 제외하면 거의 모든 분야는 혼자서 공부할 수 있다. 독학하는 데 그 무엇도 장애물이 될 수 없다.

19세기 철학자 니체는《인간적인 너무나 인간적인》에서 이렇게 말했다.

학문으로 단련되는 것은 지식이 아니라 능력이다. 하나의 학문을 일정 기간 엄밀하게 수행한 가치는 그 성과에만 있는 것이 아니다. 성과 자체는 알아야 할 거대한 지식의 바다에 비하면 물 한 방울에 불과하기 때문이다. 하지만 학문은 에너지, 추리력, 지구력의 강인함 등을 증대시킨다…….

나는 이 부분을《초역 니체의 말 2》에서 다음과 같이 의역했다. 이렇게 번역하면 문맥이 더 자연스럽고, 니체가 강조한 점이 좀 더 분명해지기 때문에 인용해 둔다.

공부가 가져다주는 것은 사실 다른 데 있다. 공부를 통해 능력이 단련된다는 점이다. 꼼꼼하게 조사하는 능력, 추리와 추론 능력, 끈기와 지구력, 다각도로 보는 능력, 가설을 세우는 능력 같은 것이다. 이렇게 몸에 밴 능력은 전혀 다른 분야에서도 통한다.

이미 눈치챘겠지만 공부로 얻은 지식보다 공부하는 과정에서 길러진 '능력'이 훗날 훨씬 폭넓게 쓰인다는 뜻이다. 더 직설적으로 말하면, 시험 점수가 높다고 해서 능력이 뛰어난 건 아니다. 성적은 좋지 않아도 인생에서 훨씬 요긴한 무언가를 스스로 체득했을 수도 있다. 그것을 위해서라도 독학은 유효한 수단이다.

독학에는 교과서도
정답도 없다

독학을 가로막는 외부의 장벽은 없다. 문제는 오히려 내면에 있다. 대표적인 것이 '효율적으로 공부할 수 있는 교과서 같은 책이 어딘가에 있지 않을까'라는 믿음이다. 기초부터 제대로 공부하고 싶고 교과서 같은 책이 있으면 좋겠다는 생각이 자연스럽게 떠오른다면, 당신은 학교에서 강요해 온 방식에 완전히 길들어 있는 것이다. 기초를 먼저 다지고 서서히 난이도를 높여야 하는 분야는 수학과 악기 연주뿐이다. 그 외에는 사실 기초, 중급, 상급의 구분이 없다.

'입문'이라는 제목이 붙은 책을 교과서로 삼는 사람도 있다. 하지만 입문서가 꼭 초보자에게 친절하고 이해하기 쉬울 거라는 보장은 없다. '철학 입문'이라 적힌 책을 수십 권 읽는다고 해서 철학을 이해하게 될까? 차라리 철학 원전을 직접 읽는 편이 훨씬 빠른 길일 것이다.

교과서가 가장 기본적이고 친절한 책이라고 오해하는 사람이 많다. 그러나 학창 시절에 보았던 역사 교과서를 지금 펼쳐 본다면, 수많은 사건을 문장으로 겨우겨우 이어 붙여 놓았을 뿐이라는 걸 알게 될 것이다. 한정된 지면에 가르쳐야 할 내용을 억지로 쑤셔 넣다 보니 어쩔 수 없었겠지만, 이것을 제대로 된 책이라고 부르기는 어렵다. 교과서는 설명이 부족한 사전 같은 것이다.

그래서 학교 시험은 퀴즈 형식이다. 교과서라는 사

전에 실린 정답을 맞힌다. 그러다 보면 정답이 존재한다는 전제가 당연해진다. 이런 방식에 익숙해진 사람은 모든 일에 정답과 오답이 있다는 편협한 시각으로 세상을 바라보게 된다.

독학의 최종 목적은
새롭게 생각하는 것

학교 시험에 이런 문제가 나왔다고 생각해 보자.

빈칸을 채우시오.
일본에 불교가 전해진 해는 ________년이다.

나는 불교 관련 책을 몇 권이나 썼지만 빈칸을 채울 수 없었다. 실제로 불교가 언제 전해졌는지는 알 수 없다. 여러 학설이 있지만 어느 것도 확실하게 검증되지 않았기 때문이다. 그래서 나는 몇 년도라고 단정해서 적을 수가 없었다.

반면 학교 공부를 열심히 한 사람은 빈칸에 '552년'

이라고 간단히 적어 넣을 것이다. 그들은 그해를 정답으로 외웠고, 정말로 그때 불교가 전해졌다고 믿는다. 하지만 불교가 전해졌다는 말의 의미가 무엇인지는 깊이 생각하지 않는다. 중국의 승려가 불상을 들고 상륙한 해인지, 지배자가 불교를 공식적으로 수용하기로 결정한 해인지, 아니면 다른 의미가 있는지 의문하지 않고 그저 552년이 정답이며 거기에 오류는 없다고 믿을 뿐이다. 배운 것은 무조건 옳다고 믿는다. 이런 태도는 정답 맞히기 시험에서는 매우 유리하다.

안타깝게도 공부가 원래 그런 것이라고 믿는 사람이 많다. 다양한 분야의 평생교육이나 취미 생활을 매뉴얼로 만들어 파는 회사가 번창하는 것을 보라. 다들 교과서와 정해진 답을 원하고 있는 것이다.

어떤 의구심 없이 사전에 나온 지식을 암기하는 건 더 이상의 발전이 없는 단순 작업일 뿐, 진정한 공부라 부를 수 없다. 그런 작업은 이제 컴퓨터가 대신한다. 인간의 두뇌는 컴퓨터보다 훨씬 뛰어나다. 인간은 스스로 생각하고, 지금까지 없던 견해나 추론을 만들어 낼 수 있다. 독학의 최종 목적이 바로 여기에 있다.

이 책에서는 독학의 기본적인 방법을 소개할 것이다. 대략적으로는 책을 읽는 법, 문제의식을 갖는 법, 생각하는 법, 그리고 교양을 쌓는 법이다. 이 방법들을 실제 삶에 적용해 본다면 공부가 주는 진정한 즐거움을 알게 될 것이다. 또한 자신의 능력에는 한계가 없다는 점도 깨닫게 될 것이다.

속는 셈 치고 일단 시작해 보라. 독학을 통해 이전과는 다른 자신을 만나게 될 테니 말이다.

그건 언제부터
시작되었을까?

의문을
가져라

작은 의문 하나를 끝까지 파고들면 거대한 지식의 강을 만나게 된다. 거창한 의문일 필요도 없이 '그건 언제부터 시작되었을까?' 정도면 충분하다. 예를 들어 '음악은 언제부터 시작되었을까?' 하는 의문이다.

음악의 기초는 음률이다. 그렇다면 음률은 언제부터 존재했을까? 그 의문을 쫓아가다 보면 기원전 6세기 그리스의 철학자 피타고라스에 도달한다.

철학자인 피타고라스가 어떻게 음률을 발명했을까? 피타고라스가 무슨 일을 했는지 조사해 보면, 그가 현대에서 말하는 수학자이기도 했다는 것을 알게 된다. 문득 삼각형에 관한 '피타고라스의 정리'가 있다는 사실도 떠오른다.

그러나 조사를 계속해 보면 피타고라스의 연구가 단순히 수학에 그치지 않는다는 걸 알게 된다. 그는 천문학도 연구했다. 그리고 온 우주가 모두 숫자로 이루어져 있다고 믿었다. 이런 극단적인 사고방식에서는 종교적인 냄새가 난다. 실제로 피타고라스는 교단을 만들기도 했다. 그는 수학이야말로 만물의 원리라고 주장했고, 환생을 믿었으며, 콩을 먹어서는 안 된다는 기묘한 금기 사항을 지키며 살았다. 그의 집단은 '피타고라스 교단'이라 불렸다.

다시 처음으로 돌아가 보자. '음악은 언제부터 시작되었을까?' 이 하나의 의문을 쫓아가는 것만으로도 앞서 말한 모든 지식이 꼬리에 꼬리를 물며 자연스럽게 연결되었다. 이런 지식은 **외부에서 강제로 주입된 것이 아니라 자신의 적극적인 호기심에 응답하는 형태로 쌓이기 때문에 외우려 하지 않아도 알아서 머릿속에 들어온다.** 의문의 씨앗은 일상에 얼마든지 널려 있다. 우리가 그것에 대해 질문하지 않을 뿐이다. 질문하지 않으면 거대한 지식의 강도 만날 수 없다.

부기의 기원은
무엇일까?

직장인이거나 주식 투자자라면 '재무제표'라는 단어를 많이 들어 봤을 것이다. 재무제표의 원형은 부기簿記다. 사람들은 재무제표에는 많은 관심을 갖지만, 그것의 원형인 부기가 언제부터 존재했는지는 전혀 의문을 품지 않는다.

부기를 누가 처음 발명했는지는 확실치 않다. 14세기 무렵 이탈리아 상인이 만들었다고 추측할 뿐이다. 대신 '복식부기'를 체계적으로 정리하고 기록한 사람은 명확하다. 바로 이탈리아의 수학자이자 수도사였던 루카 파치올리Luca Pacioli다. 그는 자신의 수학책에서 복식부기에 대해 자세히 설명한 바 있다.

어쨌든 부기가 발명되었다는 것은, 그만큼 그 시기에 돈의 이동이 활발해졌다는 뜻이다. 그리고 실제로 14세기 서유럽은 경제 활동이 꽤 활발하게 이루어지고 있었다.

여기서 다음 의문이 생긴다. 어째서 이 시기에 경제 활동이 활발해졌을까? 아직 산업사회는 아니었는데 말이다. 그 이유는 교역이 있었기 때문이다. 당시에 타국의 후추나 염료, 보석 등을 싸게 들여와 자국에 비싸게 파는 일이 성행하고 있었다.

다만 그 시대의 상거래 풍경은 오늘날의 모습과 조금 달랐다. 우선, 일반 서민은 화폐를 거의 사용하지 않았다. 서민들은 자급자족하거나 물물교환으로 생계를 유지하며 검소한 생활을 했다. 순박하고 투박한 서민들은 영주와 교회에 얽매여 사느라 바빴지만, 고위 성직자, 왕족과 귀족, 상인 들은 상업 활동을 열심히 했다.

그러다 보니 사회는 점점 부유한 상류층과 가난한 하류층으로 뚜렷하게 나뉘었다. 가난한 서민들은 부유한 자들이 무엇을 하며 사는지 알 길이 없었다. 교회는 서민들에게 "돈놀이로 이자를 받는 건 신의 뜻을 거스르는 일"이라고 가르치면서 정작 자신들은 상인, 왕족, 귀족과 어울리며 상업 활동에 깊이 관여했다.

유대인은 왜 악인처럼
묘사되었을까?

성직자와 정치인 들이 유대인의 직업을 엄격히 제한하자, 유대인은 남들이 꺼리던 대부업을 생업으로 삼을 수밖에 없었다. 그들은 유대인이 천박한 돈놀이를 한다고 공공연히 비난하면서도 유대인 대부업자에게 자금을 빌리며 무역업에 적극적으로 투자하는 모습을 보여 주었다.

다른 나라와의 교역이 활발해진 결정적 계기는 십자군 원정이었다. 십자군 전쟁은 이슬람교로부터 성지 예루살렘을 되찾겠다는 명분으로 시작되었는데, 이때 상인들이 동행하면서 십자군의 이동 경로가 자연스럽게 교역의 통로가 된 것이다.

십자군 원정이 겉으로 내세운 목적은 성지 탈환이었지만 참가자들의 속내는 달랐다. 많은 이들이 영주에게 얽매여 가난하게 살아야 하는 고향을 떠나 새로운 땅에서 새로운 삶을 시작하고 싶어 했다. 게다가 십자군에 참가하면 지금까지 진 빚을 탕감해 준다는 특전까지 있었다. 한마디로 이슬람교도의 땅과 재물을 약탈하고 그곳에 정착하는 것이 실제 목적이었던 경우가 적지 않았던 것이다. 이 긴 여정을 떠나기 위해 경비를 마련해야 했던 참가자들은 유대인을 공격해 재산을 빼앗은 뒤 동방으로 향했다.

유대인, 상인, 대부업이라는 소재를 다룬 중세 이야기라고 하면 셰익스피어의 희곡 《베니스의 상인》이 가장 먼저 떠오를 것이다. 제목에 등장하는 '베니스의 상인'을 흔히 유대인 대부업자 샤일록으로 오해하곤 하지만 실제로는 이탈리아 상인 안토니오를 가리킨다. 안토니오는 무역선에 투자해 돈을 버는 인물로 등장한다.

《베니스의 상인》에서 안토니오는 공인거래소에서 집요할 만치 유대인 샤일록을 향해 "살인마 개", "악마", "유대인의 똥개", "이단자"라고 모욕한다. 그러면서 자신은 남에게 돈을 빌려줘도 이자 따위는 받지 않는다고 강조한다. 여기에는 '이자로 돈을 버는 것은 악'이라는 가치관이 깔려 있고, 유대인을 부정한 존재로 규정하는 노골적인 차별 의식이 작품 전반을 관통한다.

한편으로는 기독교 찬가가 울려 퍼지지만, 그 기독교는 어디까지나 백인만의 기독교다. 심지어 피부색

이 하얗지 않은 사람을 불쾌하다고 말하는 여주인공까지 등장한다. 요컨대 극 전체가 편협한 세계관 위에 서 있다.

그런데 이 희곡이 나온 1590년대 후반의 영국에는 유대인이 존재하지 않았다. 그보다 300여 년 전인 1290년에 단 한 명도 남김없이 국외로 추방당했기 때문이다. 그런 이유로 셰익스피어는 실제로 유대인을 본 적이 없고, 유대인에 대한 편견과 떠도는 소문만으로 이 희곡을 쓴 셈이다. 그런데도 왜 이 연극은 대중의 열렬한 환호를 받았을까? 그건 바로 1594년부터 닥친 전례 없는 불황 탓이었다. 서민들이 돈 때문에 고통받던 시기에 이자라는 불로소득을 챙기는 유대인이 응징당하는 내용을 보며 울분을 해소했던 것이다.

이처럼 '부기' 하나만 추적해도 지식은 꼬리에 꼬리를 물고 확장된다. 조사하다 보면 자연스럽게 '돈'이라는 개념 자체에 흥미가 생길 텐데, 그러면 고대부터 중세 초기까지 돈의 가치는 오직 무게로 측정됐다는 사실도 알 수 있고, 돈이 주로 신전에 헌납하거나 세금을 납부할 때 쓰였으며 서민들의 일상적인 거래에는 거의 사용되지 않았다는 것도 알 수 있다. 시선을 동양으로 돌리면 엽전의 구멍이 원래 중국 칼자루 끝에 뚫린 구멍에서 유래했다는 사실도 알게 된다.

이런 지식은 얼핏 보면 잡학처럼 보인다. 하지만 분명히 오늘날까지 이어져 온 인간의 역사다. 학교에서 배우는 파편적인 지식과 달리 서로 긴밀하게 연결된 지식들은 훨씬 생생하고 흥미로울 것이다.

이 모든 앎의 과정이 '도대체 이건 언제부터 시작된 걸까?'라는 사소한 의문에서 시작된다.

총명했던 아이가
얄팍한 어른으로 자라는 이유

의문이 없으면
알 수도 없다

나는 정신적으로 아이 같은 면이 많다. 세상 온갖 일에 끊임없이 의문을 품는다는 점에서 그렇다. 어릴 적에는 어른들에게 이것저것 묻곤 했는데, 제대로 된 대답을 들은 기억보다는 대개 "쓸데없는 거 묻지 마라"거나 "몰라도 돼"라는 핀잔이 머릿속에 남아 있다.

이제는 그 어른들의 심정을 이해한다. 어른들도 잘 몰랐던 것이다. 잘 모르면서 남들이 해 온 대로 따라 살았을 뿐이나. 어릴 땐 그런 속사정 따위를 몰랐어도 점차 어른들에게 무언가를 묻는 일이 헛수고라는 걸 알게 되었다. 그보다는 책을 읽는 편이 훨씬 빠른 길이라는 것도 말이다.

의문이 없으면 알 수도 없다. 질문하고 찾아 헤매지 않는 한 누구도 진실에 닿을 수 없다. 물론 남을 흉내 내는 방식으로도 인생을 그럭저럭 살아갈 수는 있을 것이다. 아이들은 어른들이 경험이 많고 세상을 깊이 이해하는 존재라고 믿는다. 그러나 머지않아 깨닫게 된다. '보통의 어른'이란 대개 나이만 먹은 사람에 불과하다는 사실을. 나는 그런 모습이 썩 보기 좋지 않았다. 그래서 의문이 생기면 그냥 지나치지 않고 깊이 파고들려 한다.

책을 읽을 때도 마찬가지다. 책을 읽고 있으면 수많은 의문들이 머릿속에 떠오른다. 예를 들어 불교 책을 읽다 보면 이런 설명이 나온다.

"불교에는 두 가지 길이 있다. 하나는 대승불교, 다른 하나는 소승불교다. 대승은 모두가 탈 수 있는 큰 수레로, 많은 사람을 구한다는 뜻이다. 반면 소승은 작은 수레로, 자기 자신밖에 구하지 못한다는 뜻이다. 일본에 전해진 것은 대승불교다. 소승불교는 동남아 시아로 퍼져 나갔다."

책에는 이런 내용이 대수롭지 않다는 듯 적혀 있지만 여기에는 분명한 우열이 담겨 있다. 많은 사람을 구하는 대승불교가 더 훌륭하다는 주장이 깔려 있는 것이다. 그러면 자연스럽게 의문이 이어진다.

'왜 동남아시아에는 더 훌륭하다고 여겨지는 대승불교가 아니라 소승불교가 퍼졌을까?'

'동남아시아 승려들은 자신들의 불교가 작은 수레라고 불리는 것이 기분 나쁘지 않을까?'

'애초에 왜 두 종류의 불교가 생겨났을까?'

이런 질문들이 바로 지식의 발아가 시작되는 지점이다.

살아 있는 지식을
탐구하지 않는 어른들

이러한 의문을 풀기 위해서는 또 다른 책을 읽어야 한다. 책을 하나하나 찾아 펼쳐 읽는 일이 번거롭게 느껴질 수도 있다. 하지만 의외로 눈을 혹사하며 인터넷을 뒤지는 쪽이 훨씬 시간 낭비다. 앞서 이야기한 대승불교와 소승불교에 대해 내가 책으로 알게 된 사실을 이야기하자면, '소승'은 멸칭이며 대승 쪽에서 일방적으로 붙인 이름이었다. 실제로 동남아시아 불교의 정식 명칭은 '상좌부 불교'다. 다시 말해, 대승이 더 훌륭하다는 뉘앙스를 풍겼던 앞선 책의 서술은 편협한 관점에 불과하다.

불교가 갈라진 계기 또한 단순하지 않았다. 그 배경에는 돈으로 하는 보시 문제가 있었다. 초기 불교에서 승려들이 받던 보시는 대개 남은 음식이었다. 그러나 석가모니 사후 약 300년이 지나 화폐 경제가 퍼지면서 돈으로 보시하는 이들이 나타났다. 이를 받아들일 것인가 말 것인가를 두고 둘로 나뉘게 된 것이다.

의문 하나가 풀리면 거기서 끝나지 않고 또 다른 몰랐던 사실들이 고구마 줄기처럼 딸려 나온다. 예컨대 산스크리트어가 서민의 언어가 아니라 지배 계급의 언어였다는 점이다. 서민들이 사용한 언어는 팔리어였다. 그런데 대승 경전은 산스크리트어로 쓰여 있다. 서민이 아닌 지배 계급이나 상류층에 포교하려는 의도가 있었기 때문이다. 여기서 또 다른 의문이 생긴다.

'그렇다면 불교는 석가모니가 지향했던 바와 정반대 방향으로 나아간 게 아닐까?'

책을 조금 더 뒤져 보면 불교가 상류층에서 서민으로 내려오는 방식으로 전파되었다는 사실을 알 수 있었다. 중국에서도 그랬고 한국과 일본에서도 처음엔 조정이 불교를 받아들였다.

그러다 문득 사소한 발견을 하고 무릎을 치게 되었다. 절로 들어가는 돌계단이 눈에 들어온 것이다. 이 돌계단은 크기 때문에 사용하기가 어딘가 어중간하고 불편했다. 사람들은 이 돌계단을 왜 그렇게 넓게 만들었을까? 그 이유는 바로 말을 타고 절에 오는 상류층을 염두에 두었기 때문이다. 애초에 서민의 보폭을 고려한 계단이 아니었다.

이처럼 사소한 의문이 수많은 지식을 불러오고 거기서 새로운 의문이 솟아난다. 꼬리에 꼬리를 물고 쫓다 보면 지식은 배가 되고 세상과 역사는 우리가 알던 것과 전혀 다른 새로운 얼굴을 보여 준다. 이런 지식은 학교에서 배우는 암기를 위한 정보와는 차원이 다르다. 내 안의 적극적인 호기심이 끌어낸 결과이기에, 굳이 필기하지 않아도 단번에 머릿속에 남는다.

이것이 바로 살아 있는 지식이다. 학교에서 배운 것을 대부분 잊어버렸다고 한탄할 필요가 없다. 애초에 그것은 지식이 아니라 정보의 나열에 가까웠다. 자신이 진심으로 궁금하지 않았다면 금방 잊는 것도 당연하다.

진짜 지식은 독학을 통해서만 얻어진다. 독학으로 얻은 지식은 쉽게 사라지지 않고 머릿속 깊숙이 각인된다.

책을 덮어도
일상은 의문투성이다

의문은 책을 읽을 때만 생기지 않는다. 일상생활 속에서도 수시로 모습을 드러낸다. 예컨대 나는 경제 뉴스를 보면서 어느 순간부터 '컴플라이언스Compliance'라는 단어가 자주 등장한다는 사실을 알아차리게 된다. 이것은 '법령 준수'라는 뜻이다.

여기서 의문이 생긴다. 법을 지키며 경영하는 것은 지극히 당연한 상식 같은데 왜 굳이 새로운 용어까지 만들어 강조했을까? 이런 말을 반복해서 써야 할 만큼 기업 윤리가 흔들리고 있다는 뜻일까? 이런 관점으로 뉴스를 다시 보면 법을 어기며 이익을 취하는 기업이 적지 않다는 사실이 보인다.

인공지능 관련 뉴스를 보면서도 의문이 생긴다. 뉴스에서는 'AI가 객관적으로 판단했다'거나 '알고리즘에 따라 결정됐다'라는 표현을 아무렇지 않게 사용한다. 보통은 이 말을 그대로 받아들이고 넘어가겠지만 조금 더 생각해 보면 그냥 넘기기 어려운 대목이다.

'객관적 판단이란 무엇일까?'

'알고리즘은 정말 중립적일까?'

'그 기준은 누가 정했을까?'

'어떤 데이터를 바탕으로 학습했을까?'

'만약 편향된 데이터가 입력됐다면 결과 역시 편향될 수 있는 것 아닐까?'

그런데도 우리는 AI가 판단했다는 말 앞에서 쉽게 생각을 멈춘다. 마치 판단의 책임이 사라진 사람처럼 굴면서 말이다. 하지만 기준과 과정을 묻지 않는 한, 이 표현은 책임을 흐리는 말에 가깝다. 이런 일은 언제 어디서든 반복된다. 그럴듯한 용어가 등장하면 사람들은 그 말이 무엇을 의미하는지 따지기보다 일단 믿고 넘어갈 것이다.

질문을 던지지 않기로 결정한 순간, 우리의 사고는 멈춘다. 요컨대 세상을 멍하니 바라보고, 모든 일을 당연한 것으로 받아들이면 의문은 생기지 않을 것이다. 아이처럼 모든 것에 "왜?"라고 묻지 않으면 지식도 생기지 않는다.

하지만 많은 어른이 이 감각을 잃어버렸고, 이제는 '세상이란 원래 그런 것'이라는 말로 생각을 접어 버린다. 그 대신 얄팍한 자아를 과시하거나, 음주와 시시한 취미로 시간을 흘려보낸다. 그런 어른이 되느니 차라리 "왜?"라고 묻는 아이로 남는 것이 훨씬 건강해 보인다.

욕심에 찌든 눈으로는 이 세상이 가진 복잡하고 의미심장한 얼굴을 볼 수 없다. 세상의 진짜 모습을 발견하는 힘은 오직 아이처럼 끈질기게 질문하는 자세에서 나온다.

정보와 지식을
구분한다

정보는
시시각각 변한다

정보란 무엇인가. 정보는 그때그때 상황의 단면을 전하는 것이다. 그래서 우리는 '교통 지식'이라 하지 않고 '교통 정보'라고 한다.

정보는 시시각각 변한다. 하나의 정보만으로 사고를 확장하기는 어렵다. 정보는 늘 변화하기에, 시간이 지나면 반드시 효력을 잃는다. 예를 들어 주가가 오를 것이라는 주식 정보는 그때가 지나면 쓸모가 없다.

인터넷에 떠도는 것들은 대부분 정보에 불과하다. 신문이나 잡지, 전단지에 실린 내용도 크게 다르지 않다. 모두 일시적인 것들이다. 게다가 근거와 취재원이 분명하지 않은 경우도 많고 내용의 진위 자체가 불확실할 때도 적지 않다.

그렇다고 정보를 모르고 살 수는 없다. 안전하고 편리한 일상을 유지하기 위해서는 매순간 정보가 필요하다. 운전할 땐 교통 정보가 필요하고 외출할 땐 날씨 정보가 필요하다. 이런 정보들은 사람들의 그날그날 모습뿐만 아니라 상품의 판매량에까지 영향을 미친다.

지식은
낡지 않는다

반면, 지식은 우리 생활의 토대를 이룬다. 수학적 지식이 널리 알려진 덕분에 우리는 통일된 방식으로 계산할 수 있고, 경제 활동도 정상적으로 이루어진다. 화학적 지식이 널리 알려진 덕분에 화분에 소변을 보아 식물을 말려 죽이는 실수도 피할 수 있다.

정보는 일시적이고 좁고 불안정하지만, 지식은 언제나 유효하고 응용의 폭이 넓으며 쉽게 낡지 않는 특징을 가지고 있다. 이를 잘 보여 주는 사례가 라틴어다. 라틴어는 고대에 형성된 언어로, 오늘날 가톨릭 신부들이 공용어로 사용하고 있다.

겉으로 보면 이미 역할을 다한 언어처럼 보일지도 모른다. 하지만 현대 주요 언어들의 뿌리는 대부분 라틴어다. 그래서 영어, 프랑스어, 독일어를 몰라도 라틴어 지식만 있으면 이 언어들을 대략적으로 이해할 수 있다. 가톨릭 선교사들이 새로운 언어를 빠르게 익히는 이유도 여기에 있다.

선교사는 아니지만 우리도 라틴어를 알면 일상에 넘쳐나는 외래어의 의미를 훨씬 쉽게 이해할 수 있다. 자동차 이름만 봐도 그렇다. 스웨덴의 볼보Volvo는 '나는 구른다'라는 뜻이고, 토요타의 코롤라Corolla는 '작은 화관'을 의미한다. 닛산의 글로리아Gloria는 '영광', 폭스바겐 폴로Polo는 '북극성'이라는 뜻이다.

일상용어에도 라틴어의 흔적이 많다. 카리스마Charisma는 '신의 은총'을 뜻한다. 코트 브랜드 아쿠아스큐텀Aquascutum은 '방수 방패'라는 의미다. 여성 잡지 보체VoCE는 '목소리', 권총 매그넘Magnum은 '크다'를 뜻한다.

서구의 명문 학교에서는 모국어와 함께 라틴어와

그리스어를 가르친다. 이 두 고전어만 알아도 다양한 학문과 개념을 훨씬 빠르게 이해할 수 있기 때문이다. 현대 영어만을 가르치는 학교에서는 이런 응용력을 갖추기가 어렵다.

해부학자 요로 다케시는 이렇게 말했다. "학자는 오타쿠와 같다." 나는 이 표현이 지나치다고 생각한다. 소위 오타쿠는 자신의 기호에 한정된 정보 수집에만 몰두하는 경향이 있다. 지식을 통해 세상을 넓게 이해하려 하지는 않는다.

지식은 누구에게나 보편적인 가치와 의미를 가져야 한다. 반면 정보는 제한된 범위 안에 있는 관계자에게만 의미가 있다. 그런 점에서 오타쿠는 지식인이라고 부르기 어려울 것이다.

그렇다고 해서 '중요한 것은 정보가 아니라 지식이니, 지식만 있으면 충분하다'라는 태도도 옳지 않다. 정확한 정보들이 쌓여 비로소 지식이 되는 순간도 있기 때문이다. 결국 중요한 것은 열린 탐구의 자세다.

혼자 배우는 사람에게
방해물이 되는 것

책 읽는 기술을 찾지 말고
몰입을 해라

흔히 공부를 잘하기 위한 방도를 이야기할 때 나오는 말들이 있다. 출퇴근 시간을 활용해 책을 읽는다. 공부가 잘되는 쾌적한 서재를 꾸미고 내게 맞는 필기도구를 갖춘다. 책상은 얼마나 넓어야 하는지, 책장은 슬라이드식이 편한지 여러모로 따져 본다. 클래식 음악이 좋다느니, 공부는 아침에 해야 한다느니, 잠은 짧고 깊게 자야 한다느니 하는 말도 빠지지 않는다. 이런 이야기를 진지한 얼굴로 권하는 사람이 많다. 온통 기술적인 조언만 늘어놓는 책도 수두룩하다.

하지만 진짜 독학을 하는 사람은 그런 것을 따지지 않고 일단 책을 읽는다. 그저 읽고, 생각하고, 지식의 세계를 넓혀 갈 뿐이다. 독서 시간을 어떻게 확보할지 고민할 시간에 그는 이미 책을 읽고 있다. 그런 사람에게는 장소도 중요하지 않다. 지금 있는 곳이 곧 자신의 서재가 된다.

나는 시위 차량이나 폭주족의 소음만 없다면 어디서든 공부할 수 있다. 독서나 사색에 깊이 빠지면 주변 소음이 잘 들리지 않아서, 내가 어디에 있는지조차 잊을 때가 많다. 책을 읽다 전철역을 지나치는 일도 흔하다. 밥 먹는 시간쯤은 가볍게 잊어버린다.

지금 당장 필요하다고 판단되는 책이라면 이미 집에 있어도 서점에서 새로 구매하여 내용을 확인한다. 이런 식으로 같은 책을 네 권이나 샀다. 낭비처럼 보일지 모르지만 기껏해야 칵테일 두세 잔 값이다. 그 돈으로 드라이 마티니를 마셨다면 머리가 굳어 이성적으로 사고하기 어렵지 않았을까? 그쪽이 훨씬 값비싼 낭비다.

출퇴근 시간에 책을 읽는 것도 하나의 방법일 수는 있다. 하지만 잡지나 전단, 의미 없는 인터넷 서핑 같은 습관을 버리면 훨씬 더 많은 시간이 생긴다. 그중 가장 쓸모없는 시간 낭비이자 뇌를 무디게 만드는 행위는 바로 습관적인 음주다. 술에 절어 사는 사람은 독학은커녕 제대로 된 일을 해낼 리 없다.

책 사는 돈을
아끼지 마라

집 대출금을 갚느라 허리띠를 심하게 졸라매야 한다면 독학은 어려울 수도 있다. 책값을 아까워하게 되기 때문이다. 도서관에서 빌려 읽으면 된다고 생각하겠지만, 빌린 책으로 얻은 지식은 책을 반납하는 순간 함께 사라진다. 믿기 어려울지 모르나 사실이다.

읽고 싶은 책, 읽어야 할 책조차 사기 망설여질 만큼 쪼들린다면 나는 이미 정신 건강이 위험한 상태라고 본다. 감당할 수 있는 대출 규모가 아닌 것이다. 그것은 자신의 삶을 침해하는 일이며, 고작 대출금을 갚느라 자기 삶을 망가뜨리는 것은 누가 봐도 정상적이지 않다.

문화는 대개 사치와 풍요 속에서 태어난다. 인색함 속에서는 자라나기 힘들다. 물론 언제나 그런 것은 아니지만, 최소한 의식주가 해결된 자유로운 환경은 필요하다. 역사를 돌아보면 문화를 가장 많이 꽃피운 계층은 언제나 중산층이었다.

그런 의미에서 번듯한 서재는 풍요로운 문화의 상징일 것이다. 하지만 채광과 습도까지 완벽하게 갖춘 서재는 독학자를 넘어 전문 연구자에게나 필요한 작업 공간이다. 우리에게 필요한 것은 많지 않다. 먹고 입고 잘 수 있는 환경, 그리고 몸에 무리를 주지 않는 의자 하나면 충분하다. 독서를 위한 의자 말이다. 그 정도는 중산층이라면 충분히 감당할 수 있다.

독학의 장애물은
감정의 기복과 나쁜 건강이다

도구가 독학의 질을 좌우하지는 않는다. 독학하는 사람에게 필요한 것은 오직 집중하는 태도다. 책을 읽고, 밑줄을 긋고, 사색하고, 식견을 넓히기 위해 또 다른 책을 읽는 힘이다. 독학을 위해 일부러 시간을 비워 둘 필요도 없다. 한 시간을 쭉 읽을 수도 있고, 5분만 읽고 할 일을 하러 갈 수도 있다. 그 모든 과정이 독학이다.

학자라고 해서 아침부터 밤까지 연구만 하는 것은 아니다. 수업을 하고, 회의를 하고, 상담을 하면서 틈틈이 공부하고 연구한다. 알베르트 아인슈타인도 평소엔 특허국 직원으로 일했다. 설비와 시간이 넘쳐나는 환경에서 연구한 게 아니다. 그런 의미에서 유독 아침 시간에 집착하는 건 지나친 강박이다. 사람마다 생활 패턴과 조건이 다르므로 각자의 사정에 맞춰 공부하면 된다.

실제로 방해가 되는 것은 시간 부족이 아니라 감정의 기복과 건강하지 못한 몸이다. 분노나 울분을 품고서는 책을 제대로 읽고 이해할 수 없다. 독서는 먼저 타인의 낯선 생각을 받아들이고, 그 논리를 따라가는 과정이다. 그런 포용력이 없다면 사람은 쉽게 화를 내고, 울분을 터뜨린다.

감정을 조절하는 일은 어른이 갖춰야 할 기본적 소양이다. 만약 이러한 소양이 부족한 어른이 자신의 급한 성질을 고치고 싶다면 책을 읽으면 된다.

성격을 극적으로 바꿔 주는 특별한 책이 있는 건 아니다. 그저 책을 읽고 이해하는 행위를 반복하면 성격이 바뀌는 것뿐이다. 독서란 본래 이질적인 생각을 이해하려는 행위다. 여기에는 인내와 낯선 것을 견디는 힘이 필요한데, 그 과정을 거치고 나면 감정을 절제하는 법을 깨닫고 마음의 태도가 바뀐다.

걸핏하면 욱하는 사람이나 삶이 늘 뒤틀린 사람을 보면 책을 읽지 않는다는 공통점이 있다. 폭력배나 비행 청소년이 문제를 일으키는 이유 중 하나도 여기에 있다. 책을 읽는 훈련은 감정을 조절하는 훈련이기도 하다.

서점에 있는 모든 책이 나에게 도움이 되지는 않을 것이다. 그럼에도 자기 생각과 일치하는 책만 골라 읽어서는 달라질 게 없다. 지금까지 접해 보지 않았고, 조금 어렵게 느껴지는 책을 읽어야 한다.

어려운 책은 이해하는 데 시간이 걸린다. 글자만 읽는 데도 인내가 필요할 수도 있다. 내용 역시 익숙한 세속적 가치관과 다를 때가 많다. 낯설겠지만 그것을 맞닥뜨려야만 인간은 변화한다.

조금씩이라도 좋다. 어려운 책을 꾸준히 읽다 보면

반년 전의 자신과 달라져 있음을 느끼게 될 것이다. 주변 사람들도 분명히 당신의 변화를 느낀다. 그쯤 되면 독학은 이미 습관으로 자리 잡힌다.

칸트도
독학을 했다

칸트는
어렵지 않다

철학서 중에서 가장 철학서다운 책을 말하라면 칸트의《순수이성비판》을 꼽겠다. 이 책은 난해하다고 알려져 있지만 실제로 읽어 보면 그렇지 않다. 내면의 고정관념을 진실처럼 믿는 사람에게나 어렵게 읽힐 뿐이다.

18세기 프로이센에 살았던 칸트는 쾨니히스베르크 대학에서 철학 교수로 재직하며 57세에《순수이성비판》을 썼다. 이 책은 인간 인식의 한계를 다룬 철학서다. 칸트 하면 규칙적인 생활을 했던 일화가 유명해서 고리타분한 학자라는 인상이 강하지만, 이는 과장된 이미지다. 19세기의 시인 하인리히 하이네는 칸트에 대해 이렇게 썼다.

"그는 추상적인 독신 생활을 했을 뿐, 생애도 경력도 없었다. 고지식하고 의심이 많으며, 문장은 바짝 마른 포장지 같다."

하이네가 이런 혹평을 남긴 이유도 칸트의 철학을 제대로 이해하지 못했기 때문이다.

칸트는 딱딱하거나 꽉 막힌 사람이 아니었다. 대학에서 똑같은 내용만 앵무새처럼 가르치는 매너리즘에 빠진 학자도 아니었다. 원래 진짜 철학자는 세상만사에 관심을 두며, 일반인보다 훨씬 활기찬 삶을 산다. 칸트도 그랬다. 그는 옷차림에도 제법 신경을 썼고 이런 말도 남겼다.

"유행을 따르는 바보가 유행에 뒤떨어진 바보보다 낫다."

칸트는 매일 점심시간마다 몇 시간씩 할애하며 다양한 직업을 가진 사람들과 담소를 나눴다. 철학 이야기는 하지 않았다. 잡담을 나누고, 세상 돌아가는 이야기를 듣는 데 시간을 썼다.

당시 쾨니히스베르크에서는 스웨덴 출신의 스베덴

보리라는 사내가 화제의 인물이었다. 스베덴보리는 자신이 수시로 천계를 오간다고 주장하며, 그곳에서 보고 들은 것을 기록으로 남겼다. 그의 기록에는 죽은 태아나 유아가 천계에서 어떻게 지내는지 상세히 묘사되어 있었다.

오늘날에도 스베덴보리의 신비 체험을 그대로 믿는 사람들이 있는데, 18세기에는 이런 믿음이 더욱 널리 퍼져 있었다. 칸트의 주변에서도 스베덴보리를 믿는 자들이 많았고, 특히 여성들이 큰 관심을 보였다.

그러나 칸트는 의문을 품었다. '어째서 스베덴보리만 그런 세계를 볼 수 있는가? 인간에게 과연 그런 능력이 있을 수 있는가?'

우리도 비슷한 의문을 품을 때가 있다. 하지만 대개는 곧바로 안이한 결론에 이른다. '특별한 능력을 지닌 사람도 있겠지, 뭐.' 그래서 영적 능력자라는 말도 있는 것이라고, 영적 능력자라는 단어가 있으니 특별한 능력을 가진 사람도 실제로 존재할 거라는 식이다. 하지만 명칭이 곧 존재를 증명하지는 않기 때문에 말과 사실을 멋대로 연결해 버리는 것은 기이한 사고방식이다.

칸트는 이 세상에 특별한 인간 따위는 없다고 생각했다. 그러므로 스베덴보리도 인간이라면 남들과 똑같은 능력을 가질 수밖에 없다고 보았다. 칸트는 인간이 눈으로 볼 수 있는 것, 볼 수 없는 것에 관한 인식 구조는 같아야 한다고 생각했다. 이런 문제의식 끝에 탄생한 책이 바로《순수이성비판》이다.

작은 의문을 파고드는 것이
철학이다

《순수이성비판》의 제목에 '비판'이라는 말이 들어가 있지만, 이는 이성을 공격한다는 뜻이 아니다. 인간의 이성이 무엇을 할 수 있고, 무엇을 할 수 없는지 분석하겠다는 의미다.

이 책의 핵심을 아주 간단히 말하면 이렇다. 인간은 시간, 공간, 수, 크기 같은 개념을 이미 내면에 가지고 있고 그 틀에 맞는 것만 인식한다. 따라서 우리는 사물을 있는 그대로 보는 것이 아니라 이미 갖고 있는 인식의 틀을 통해서 세상을 이해한다. 결국 인간의 인식 능력에는 처음부터 한계가 있는 셈이다. 이성, 오성, 감성까지 모두 작동 범위가 정해져 있기에 인간은 세상 모든 것을 인식할 수 있는 존재가 아니다.

이 관점에서 보면, 앞서 언급한 스베덴보리의 사례처럼 인간의 인식 구조를 넘어서는 것을 '본다'는 주장은 성립하기 어렵다. 인간이 볼 수 있는 것과 이해할 수 있는 것에는 한계가 있다.

그렇다고 칸트가 신비한 현상이나 신의 존재를 부정한 것은 아니다. 그는 그런 것이 존재할 가능성 자체는 열어 두었다. 다만 인간의 지성으로는 그것을 인식하거나 증명할 수 없다고 보았을 뿐이다.

칸트의 통찰에서 배울 점은 분명하다. 철학은 추상적인 개념을 어렵게 늘어놓는 일이 아니라, 생활 속에서 떠오른 작은 의문을 끝까지 밀어붙이는 태도라는 것이다. '영적 능력이나 초능력은 정말 있을까?' 같은 소박한 질문에서 출발해도 전혀 문제가 없다.

칸트는 기존 철학을 대학 강단에서 반복적으로 가르치기만 하는 교사가 아니었다. 그렇다고 전문가만 관심 가질 법한 사소한 부분만 집요하게 파고드는 괴짜도 아니었다. 그는 누구나 한 번쯤 품어 봤을 의문을 끝까지 생각하는 인간이었다.

요컨대 그는 전례 없는 일을 했다. 선례도 없고 따라 할 본보기도 없었기에 혼자 힘으로 밑바닥부터 사유를 쌓아 올릴 수밖에 없었다. 이것이 바로 독학이다. 칸트는 우연히 대학교수였을 뿐, 그의 본질은 철저히 독학하는 사람이었다.

알지 못했던 사고방식과 지식이 들어 있다.

"어려운 책은 어렵기 때문에 읽을 가치가 있다.
  어려운 책에는 지금까지 내가
  알지 못했던 사고방식과 지식이 들어 있다.
  그래서 굳이 읽는 것이다."

2장

책의 세계

어려운 책을 정면 돌파하는

쾌감을 배우다

무엇이든 읽으면
얻는 것이 있다

어려운 책과
부딪쳐라

쉬운 책부터 차근차근 단계를 밟아 올라갈 필요는 없다. 처음부터 어려운 책에 도전해도 전혀 상관없다. '어차피 어려워서 이해 못 할 테니 읽어 봤자 시간 낭비다'와 같은 말은 겉으로는 효율을 따지는 것처럼 보이지만, 실은 도망치기 위한 핑계에 가깝다. 책이 어렵다는 이유만으로 외면한다면 그 책에 담긴 새로운 생각과 관점에 아예 접근조차 하지 못한다.

어려운 책은 어렵기 때문에 읽을 가치가 있다. 어려운 책에는 지금까지 내가 알지 못했던 사고방식과 지식이 들어 있다. 그래서 굳이 읽는 것이다. 처음부터 끝까지 완독할 필요는 없다. 어떤 문장으로 쓰였는지, 난이도는 어느 정도인지, 어떻게 시작해서 어떻게 끝나는지 훑어보는 것만으로도 충분하다. 그 과정만으로도 얻는 것은 있다.

어설프게 읽어도
괜찮다

나는 열여섯 살 때, 칼 야스퍼스의 《철학적 사유의 작은 학교》를 읽었다. 그때까지 소설만 읽던 시골 소년이 처음으로 손에 쥔 철학책이었다. 꽤 노력해서 읽었지만 역시 거의 이해하지 못했다.

한참 뒤에야 몇 가지를 알게 되었다. 유대인 아내를 둔 야스퍼스가 전쟁을 겪으며 혹독한 경험을 했다는 사실, 그리고 그 과정에서 그의 신앙과 사상이 크게 흔들렸다는 사실이다. 또 그가 만든 독특한 조어에 사상이 담겨 있고 문장이 복잡해 책이 유난히 어려웠다는 것도 뒤늦게 이해했다.

하지만 내가 그 책에서 정말 얻은 건 그런 배경지식이 아니었다. 나는 '목숨을 걸고 전 인류를 향해 진지하게 책 한 권을 쓰는 사람이 있다'는 사실을 알게 되었다. 야스퍼스뿐 아니라 다른 여러 철학자들도 마찬가지였다.

스무 살 무렵에는 마르크스의 《공산당 선언》과 《자본론》 일부를 읽었다. 두 책 모두 문장이 지나치게 감정적이었다. 특히 《공산당 선언》의 내용은 유치하다고 느낄 정도였다. 내 주변에 널려 있던 자칭 마르크스주의자들도 대체로 감정적이고 생각이 얕았다. 지금 생각해 보면 그들은 혁명이라는 자극적인 단어에 취해 있었던 것 같다.

우리는 학교에서 수많은 고전에 대해 알게 되지만 제목과 간단한 설명을 듣는 것으로 그친다. 실제로 읽어 보지는 않은 채 제멋대로 내용을 상상하는 것이다. 하지만 막상 책을 펼치면 상상과 전혀 다른 경우가 대부분이다. 그걸 확인하기 위해서라도, 닥치는 대로 책을 펼쳐 볼 가치는 있다.

어설프게라도 좋으니 일단 손에 잡히는 대로 한번 훑어보라. 명저라 불리는 책 중에도 시시한 것이 적지 않다는 사실을 알게 될 것이다. 물론 진짜의 위대함에 압도당하는 일도 있을 것이다. 세계 곳곳을 여행했다고 해서 세상을 안다고 착각해서는 안 된다. 동서고금의 책을 펼쳐 보면 여행 그 이상의 체험을 하게 된다. 시간과 공간을 넘어서는 경험이다.

글자를 읽고
장면을 떠올린다

독서는 머릿속에서
영상을 보는 행위다

소설책을 읽을 땐 글자의 뜻을 하나하나 해석하는 대신에 머릿속에 장면을 떠올린다. 연애 소설을 읽으면 가슴이 두근거리고, 추리 소설을 읽으면 긴장하는 이유도 장면을 상상하게 되기 때문이다. 그래서 문학 작품은 논리보다 묘사와 표현이 중요하다.

그렇다면 설명이나 이해가 목적인 책을 읽을 땐 어떨까? 장면을 떠올리기보다는 논리를 따지는 데 집중하게 될까? 나는 그렇게 생각하지 않는다. 경제학, 철학, 불교 책을 읽을 때도 사람은 결국 장면을 통해 이해한다. 다만 소설처럼 구체적인 장면이 아니라 조금 추상적인 장면일 뿐이다. 우선 독서에서 말하는 '장면을 통한 이해'가 무엇인지를 설명하기 위해 세 가지 예를 들어 보겠다.

중세 유대인이 가혹한 박해를 받았다고들 생각하지만, 그렇게 단순하게 단정할 수는 없다. 뉘른베르크나 프랑크푸르트에는 시민권을 가진 유대인도 있었고, 시 참사회 위원과 동등한 대우를 받는 유대인도 있었다. 유대인 박해는 11세기 말부터 시작된 게 맞다. 하지만 유대인 전체가 게토에 갇혀 고난의 길을 걷게 된 건 오히려 근세에 들어서다.

— 아베 긴야,《중세의 창으로부터中世の窓から》

애초에 일본 열도에서는 언제부터 전쟁이 있었을까. 조몬 시대 인골에서 무기에 다친 흔적이 종종 발견되었기에 조몬 만기에 전쟁이 있었다고 생각할 수도 있다. 하지만 사하라 마코토가 말했듯 현 단계에서 조몬 시대에 전쟁이 있었다고 보기에는 불충분하다는 것이 통설이다. 대규모 환호취락과 무기, 그리고 의도적으로 살해된

인골 등 전쟁의 흔적이 뚜렷하게 발견되는 건 야요이 시대부터라는 견해가 통설에 가깝다.

— 사에키 신이치, 《무사도는 없다戰場の精神史》

르네상스는 로마 제국과 가톨릭교회의 성속(성직과 세속) 연합 체제가 안고 있던 수많은 모순에 대한 반발이었다. 기독교 공인과 국교 승인 이후 약 1,000년간 이어진 질서에 맞서, 고대 그리스와 초기 로마의 사상을 되살리고 개인의 자유와 세속 권력의 자립을 회복하려는 인문주의 운동이었다. 그 봉화는 이탈리아에서 먼저 올랐다.

— 다나카 히로시, 《유럽 지식의 거인들ヨーロッパ知の巨人たち》

이 글들은 특별히 난해하지 않다. 이해하기 힘든 단어가 있는 것도 아니고, 내용이 꼬여 있지도 않다. 그런데도 쉽게 이해되지 않는 이유가 있다. 이 글들은 독자가 이미 특정한 용어와 지명, 시대적 배경을 알고 있다는 전제 위에서 쓰였기 때문이다. 하지만 그걸 모르고 있는 독자라면 문장은 읽혀도 장면은 떠오르지 않는다.

국어사전, 백과사전,
지도를 옆에 두고 읽는다

아마 많은 독자는 다음과 같은 것들을 정확히 알지 못했을 것이다. 서양 중세의 시대 구분, 뉘른베르크와 프랑크푸르트의 위치, 유대인과 게토의 정확한 의미, 조몬 시대와 야요이 시대의 차이, 로마 제국과 고대 그리스의 시기, 인문주의의 뜻 같은 것들 말이다.

책을 읽을 땐 늘 옆에 두어야 하는 세 가지가 있다. 국어사전, 백과사전, 지도다. 독서할 때 이것들은 필수품이다. 이런 도구 없이 앞의 문장들을 읽었다면, 사실상 아무것도 이해하지 못한 셈이다. 이해되지 않는 내용이 재미있을 리 없다. 그래서 설명과 이해가 목적인 책은 재미없다고들 말한다. 자기가 이해를 못하는 것인데 책이 나쁘다며 책임을 전가한다.

뉴스가 재미없게 느껴지는 이유도 똑같다. 뉴스에 나오는 기본 용어, 전문 용어, 지명들을 시청자가 모르기 때문이다. 모르면 상황이 그려지지 않는다. 상황이 그려지지 않으니 의미 없는 소음처럼 귓등을 스쳐 지나간다.

뉴스 속 사건이 남의 일처럼 느껴지는 것은 타인에게 무관심해서가 아니다. 세상일을 이해할 만큼의 지식이 없기 때문이다. 뉴스나 독서뿐 아니라 일상에서 남의 이야기를 들을 때도 마찬가지다. 기본적인 배경 지식이 없으면 어떤 이야기도 제대로 이해할 수 없다. 당연한 이치다.

모르면 알려고 하면 된다. 귀찮아도 사전과 지도를 펼친다. 역사 지도를 활용해도 좋다. 여기에는 지리 정보뿐만 아니라 주요 사건에 대한 설명까지 실려 있다. 세계 지도와 자기 나라의 지도 정도는 눈에 보이는 곳에 붙여 두면 좋다. 책이나 뉴스에서 낯선 지명이 들려오면 그때그때 확인할 수 있도록 말이다.

이 사소한 준비 하나로 책과 뉴스가 전보다 더 가깝게 느껴질 것이다. 글로 된 정보를 하나의 체험처럼 받아들일 수 있다는 뜻이다. 그 경지에 이르면 어려운 개념을 이해하기 위해 설명을 나열한 딱딱한 책도 소설책처럼 가슴 두근거리며 읽을 수 있게 된다.

훑어보기로
어려운 책을 제압하라

어려운 책은
우선 바라만 본다

비싼 책이나 고전이라 불리는 책은 겉모습부터 으리으리하다. 줄 바꿈도 거의 없고 깨알 같은 글씨가 숨 막힐 듯 빽빽하다. 번역서도 다르지 않다. 처음 보는 단어와 외래어가 가득하다. 제목도 딱딱하고 목차도 근엄한 것이 딱 봐도 어려워 보인다. 게다가 두께는 또 어떤가. 이런 걸 읽어야 한다는 생각만 해도 기가 죽는다.

대부분의 사람이 그렇게 느낀다. 나처럼 글을 써서 먹고사는 사람도 예외는 아니다. 그래서 나는 그럴 때 우선 '훑어보기'를 한다. 훑어보기란, 책을 정색하고 읽는 게 아니라 그저 가만히 바라보는 것이다.

　일단 골치 아파 보이는 책을 사 오면 아무 데나 둔다. 책상이나 책장에 고이 모셔 두는 게 아니라, 테이블이나 소파 위에 무심하게 툭 던져둔다. 식탁 위에 올려놓고 그 옆에서 마파두부나 카레를 먹어도 상관없다.

　그렇게 막 다루다 보면 책은 어느새 방 풍경에 녹아든다. 처음에 느꼈던 위화감과 거만한 기운이 옅어지고 위엄도 조금씩 사그라진다. '이런 데 처박혀 지낼 수밖에 없나' 하는 체념이 책에서 배어 나온다. 책이 한결 순해진 느낌이 든다.

설렁설렁
읽기 시작한다

　　　　　그러고는 식후에 다리를 쭉 뻗고 앉아 슬쩍 펼쳐 본다. 배가 고플 때는 좋지 않다. 배가 불러 마음에 여유가 있을 때 커피 한 잔을 들고 건드려 보는 것이다. 진지하게 읽을 필요는 없다. 놀리듯 설렁설렁 넘겨 본다. 책을 정면에 두지 마라.

옆에 내팽개쳐 두고 심심풀이 삼아 한 손으로 상대하는 느낌이면 충분하다.

목차를 펼쳐 두는 것도 효과적이다. 귀를 파면서 곁눈질로 목차를 훑어본다. 에어컨 바람에 책장이 넘어가도 신경 쓰지 않는다. 옆에 물컵이나 리모컨을 둬도 괜찮다. 화장실에 다녀오면서 책을 휙 뒤집어 놓아도 된다. 찢어지거나 망가지지 않을 정도로만 막 다룬다. 그러면 어느새 책의 위엄이 반 토막 난다. 그때 목차부터 대충 훑어본다. 시시한 무늬를 쳐다보듯 하는 것이다. 그러다 보면 겁먹었던 마음도 사라진다.

이제 소파에 벌러덩 누워 장난치듯 페이지를 넘긴다. 몇 줄 읽다가, 다시 다른 페이지를 펼쳐 본다. 그러다 보면 문장의 호흡이 느껴지기 시작한다. 저자가 어떤 리듬으로 글을 쓰는지, 어떤 식으로 말을 풀어 가는지가 보인다. 요컨대 저자의 글 버릇을 파악하게 되는 것이다.

이제 첫 문장과 끝 문장의 느낌을 비교할 차례다. 처음만 기세등등하고 끝으로 갈수록 힘이 빠지는 책이 있다. 니시다 기타로의《선의 연구》가 그렇다. 반대로 처음에는 지지부진하다가 뒤로 갈수록 탄력이 붙는 책도 있다. 칸트의《순수이성비판》이 그런 경우다.

이쯤 되면 책도 처음의 콧대 높던 기세가 꺾인다. 바로 그때가 시작할 타이밍이다. 읽기 만만해 보이는 부분부터 설렁설렁 읽으면 된다. 책상 앞에 각 잡고 앉아서 읽지 마라. 최대한 건방지게, 심심풀이 삼아 읽는다는 태도로 대충 읽어라.

며칠 동안 내킬 때마다 이렇게 툭툭 건드려 본다. 그러다 보면 어느새 절반쯤 읽게 된다. 절반을 읽으면 내용은 대강 파악된다. 그 시점에서 권말 해설을 재미 삼아 읽어 본다. 남은 절반은 이제 훨씬 수월해진다.

어렵다고 소문난 대부분의 책은 이런 '훑어보기'만으로 충분히 정복할 수 있다.

어떤 명작은 의외로
엉터리일지도 모른다

이런 식으로 읽어도 여전히 이해되지 않는 책이 있다. 그럴 땐 그 책이 나쁘다고 생각해도 된다. 내용이 빈약하거나 저자의 사고가 정리되지 않았거나 둘 중 하나다. 아무리 유명한 책이라도 엉터리는 있다. 예를 들어 니체의 논문 중에서도 완성도가 떨어지는 글이 적지 않다. 다만 그런 글은 기묘한 픽션처럼 읽으면 나름의 재미가 있다. 논문이라기보다는 사상적 실험에 가깝다.

니체의 대표작으로 알려진 《차라투스트라는 이렇게 말했다》역시 마찬가지다. 이 책은 신약성서의 문체와 구조를 충분히 알고 있어야 풍자와 패러디가 살아난다. 그런 맥락 없이 읽으면 과장되고 난해하게 느껴질 뿐이다. 나는 니체의 매력이 정연한 논문이 아니라, 짧은 단상(아포리즘) 속에 담긴 자유로운 발상과 가치 전복의 사고법에 있다고 생각한다.

20세기 최고의 철학자 중 한 명으로 꼽히는 하이데거의 저작에 대해서도 나는 박하게 평가하는 편이다. 형식만 거창할 뿐 핵심으로 좀처럼 들어가지 않기 때문이다. 말은 많지만 정리가 되지 않는다. 의미심장한 척하지만 실질적으로 얻을 것이 적다. 《존재와 시간》이나 《형이상학 입문》역시 굳이 꼼꼼히 읽을 필요는 없다고 본다.

반면, 니콜라이 베르댜예프의 책은 곰곰이 읽을 가치가 있다. 그는 19세기 후반 러시아에서 태어난 철학자로, 깊은 인간애가 배어 있는 글을 남겼다. 그의 글에는 인간의 존엄을 회복하려는 문제의식이 분명하고, 물질에 집착하는 현대 사회를 날카롭게 비판하는 힘이 있다.

또한 블레즈 파스칼의 《팡세》나 알랭^{Alain, Émile-Auguste} ^{Chartier}의 저작은 아무 곳이나 펼쳐 읽어도 좋기에, 잡지처럼 가볍게 읽어도 무방하다. 특히 파스칼의 책은 "인간은 생각하는 갈대다"라는 문장을 그 앞뒤 맥락과 함께 이해하는 것만으로도 충분한 가치가 있다.

에리히 프롬의 저작은 모두 중요하며 지금도 충분히 통한다. 그가 제기한 문제들은 오늘날에도 여전히 극복되지 않았다. 프롬의 저작을 읽다 보면 우리의 사고방식이 얼마나 좁고 안이한지 통감하게 된다.

빅터 프랭클의 책들 역시 지금도 널리 읽힌다. 그의 책은 인간이 느끼는 보편적 고통이 어디에서 비롯되는지를 또렷하게 보여 주면서 동시에 삶을 버텨 낼 용기를 준다.

이런 훑어보기 방식으로 한 권을 일주일 만에 끝낼 수도 있고, 두 달이 걸릴 수도 있다. 시간은 신경 쓸 필요 없다. 골치 아파 보이는 책을 훑어봤다는 사실이 중요하다.

훑어보기는 도서관에서 빌린 책과는 맞지 않는다. 밑줄을 긋고, 귀퉁이를 접고, 책을 막 다뤄 가며 읽어야 하기 때문이다. 그래서 어려워 보이는 책은 내 돈으로 사는 편이 낫다. 비싸다고 겁먹을 필요는 없다. 비싼 책일수록 읽었을 때의 만족감도 크다.

게다가 이런 고전들은 생각보다 쉽게 구할 수 있다. 절판되었거나 어렵다고 알려진 책도 중고 서점을 뒤지면 헐값에 나오는 경우가 많다. 학술 총서나 고전 시리즈도 마찬가지다. 눈에 띄면 망설이지 말고 집어 드는 편이 좋다.

어렵다고
요약본부터 찾지 마라

겁먹으면
나아갈 수 없다

앞서 말했듯, 어려워 보이는 책이라도 막 다루며 놀리듯 페이지를 넘기다 보면 어느새 읽히기 시작한다. 요컨대 상대가 만만치 않아 보여도 겁먹지 말라는 이야기다. 겁을 먹으면 독서뿐 아니라 어떤 일도 제대로 해낼 수 없다. 스포츠가 좋은 예다. 한번 겁을 먹으면 예전에는 식은 죽 먹기였던 일조차 갑자기 할 수 없게 된다.

내게도 그런 경험이 있다. 나는 열일곱 살 때까지 스키를 탔다. 그런데 열여덟 살 겨울부터 스키를 타지 못하게 되었다. 경사가 고작 30도쯤 되는 설원의 정상에 섰을 뿐인데 알 수 없는 강한 공포가 밀려왔다. 일 년 전까지만 해도 두려움 따윈 몰랐는데 말이다. 그 일이 있고 나서 나는 스키를 그만두었다.

독서와 스포츠는 분명 다르지만, 겁을 먹으면 앞으로 나아갈 수 없다는 공통점이 있다. 두려움에 사로잡히면 사람은 점점 익숙한 일만 하려 든다. 어려운 책이나 고전을 읽지 않는 어른들에게는 마음 한구석에 '괜히 건드렸다가 이해하지 못하면 어쩌나' 하는 두려움이 있다. 덧붙여 '이제 와서 읽어 봤자 별 도움이 되지 않을 것'이라는 제멋대로의 계산까지 한다. 이득이 없을 것 같으면 시간을 쓰지 않겠다는 사고방식이다. 하지만 이런 태도는 결국 사람과 사물을 '쓸모의 유무'로만 재단하게 만든다.

독학으로 매일 자신을 변화시키겠다는 기개가 있다면, 매너리즘에 빠진 시시한 어른이 되고 싶지 않다면, 손익 계산부터 내려놓아야 한다. 그리고 어려워 보이는 책이나 제목만 들어 본 고전을 직접 손에 들어야 한다.

사실 해설서가
더 어렵다

　　　　　고전은 생각만큼 어렵지 않다. '어렵겠지' 하고 지레 상상할 뿐이다. 글자가 빽빽하다고 내용까지 촘촘한 것은 아니다. 특히 철학서는 난해해서 전문가나 학자만 이해할 수 있을 것 같지만 실제로는 그렇지 않다. 예비지식이 없어도 차분히 읽으면 많은 철학서를 이해할 수 있다.

　오히려 해설서나 요약본이 훨씬 어렵다. 마침 옆에 있는 해설서를 펼쳐 보겠다. 《철학 고전 101 이야기哲学の古典101物語》라는 독특한 제목의 책이다. 값도 싸고 무척 실용적인 책이지만, 그건 이미 철학을 아는 사람에게나 그렇다. 초심자에겐 상당히 어려운 책이다. 예를 들어, 근대 철학의 시초가 된 르네 데카르트의 《방법서설》을 해설한 부분을 보자. 이 책이 유명한 이유는 누구나 한 번쯤 들어 봤을 "나는 생각한다, 고로 존재한다"라는 문구 때문이다.

　이 해설서가 《방법서설》을 설명한 내용의 일부를 옮기면 다음과 같다.

《방법서설》의 정식 표제는 '이성을 올바르게 이끌어, 여러 학문에서 진리를 탐구하려는 방법에 관한 서설'인데, 원래는 세 편의 과학 논문(〈굴절광학〉, 〈기상학〉, 〈기하학〉)의 서문으로 쓰였다. 전체는 6부로 구성되어 있다. 저자는 서두에서 이 책의 구성에 대해 언급하는데, 이에 따라 표제를 붙이면 다음과 같다.

- 제1부 전통적 학문의 비판
- 제2부 근대적 학문의 방법
- 제3부 잠정적 도덕
- 제4부 형이상학
- 제5부 자연학
- 제6부 장래 학문의 구상

어떤가. 두 페이지 분량으로 요약해야 하는 지면 사정도 있겠지만, 이런 설명을 읽고 나면《방법서설》이 엄청 두껍고 전문적이며 난해한 책처럼 느껴지지 않는가. 하지만 실제《방법서설》은 문고판으로 출간되어, 번역서로 85페이지도 되지 않는 얇은 책이다. 문장도 전혀 딱딱하지 않다. 다음은 해설서가 '근대적 학문의 방법'이라고 이름 붙인 '제2부'가 시작되는 부분이다.

당시 나는 독일을 여행 중이었다. 아직 끝나지 않은 전쟁에 마음이 끌려 그곳에 갔던 것이다. 황제의 대관식을 본 뒤 부대로 돌아가던 중, 겨울이 시작되어 어느 마을에 머물게 되었다. 그곳에는 내 주의를 끌 만한 대화 상대도 없었고, 어떤 근심이나 정념도 나를 괴롭히지 않았다. 나는 온종일 벽난로 방에 홀로 틀어박혀, 더없이 편안하게 사색에 잠겨 있었다…….

자신의 상황을 담담히 풀어 내는 이 문장들은 소위 말하는 딱딱한 논문체와는 거리가 멀다. 해설서에서 받은 인상과도 꽤 다르지 않은가? 다시 해설서로 돌아가 보자. 그 유명한 문구에 대해서도 해설서는 이렇게만 적고 지나간다.

제4부는 형이상학이다. 여기서 유명한 "나는 생각한다, 고로 존재한다"라는 원리가 도출된다. 어떤 의미에서 보면 이 원리는 근대 철학의 출발점이 되었다.

이 설명만으로는 이 문장이 무엇을 뜻하는지, 왜 '원리'라고 부르는지 알기 어렵다. 사실 이 문장을 철학의 원리로 정한 것은 데카르트 자신이다. 다른 학자들이 동의해 준 게 아니다. 그렇다면《방법서설》에 이 문장이 어떤 맥락에서 나오는지 살펴보자.

… 우리의 감각은 때로 우리를 기만하므로, 나는 감각이 우리 마음에 그려 내는 그 무엇도 존재하지 않는다고 가정하려 했다. 지금까지 내 정신에 들어온 모든 것은 꿈속의 환영과 같다고 생각하기로 결심했다. 그러나 그 순간 깨달았다. 내가 이처럼 모든 것을 의심하는 동안에도, 그렇게 생각하는 나는 필연적으로 존재해야 한다는 사실을. 그리고 "나는 생각한다, 고로 존재한다*Je pense, donc je suis*"라는 이 진리는 회의론자의 그 어떤 터무니없는 가정으로도 흔들리지 않을 만큼 굳건하고 확실한 것임을 인정했기에, 나는 이 진리를 내가 찾던 철학의 제1원리로 받아들일 수 있다고 판단했다.

눈에 보이는 사물이나 세계의 존재는 의심할 수 있지만, 의심하고 있다는 그 사실 자체의 존재는 의심할 수 없다. 이 맥락을 따라가면 문장의 의미는 자연스럽게 이해된다.

이처럼 해설서를 읽느니 원전을 읽는 편이 훨씬 정확하다. 해설서를 탓하려는 게 아니다. 철학서는 어려울 것이라는 막연한 두려움 때문에 진짜 대신 요약본부터 찾는 태도가 오히려 이해를 방해한다는 점을 말하고 싶었을 뿐이다.

나름대로
생각해 본다

고전을 읽을 땐, 그 내용에 대하여 직접 생각해 봐야 한다. "나는 생각한다, 고로 존재한다"를 예로 들어 보자. 데카르트는 이 문장을 '진리'라고 말했지만 과연 나에게도 그러한가? 그의 주장에 그대로 동의해도 좋을지, 어딘가 석연치 않은 점은 없는지, 자신의 생각을 먼저 따져 본다. 다시 말해, 고전을 가지고 놀아 보는 것이다.

데카르트라는 이름 때문에 세상과 동떨어진 심오한 내용이 담겨 있을 것이라 지레 겁먹을 필요는 없다.

잘 생각해 보면 데카르트가 씨름했던 문제는 우리도 한 번쯤 떠올려 봤을 문제다. 눈앞에 보이는 세계는 정말 실재하는가. 모든 것은 감각이 만들어 낸 꿈 같은 것이 아닌가. 그렇다면 '나'란 무엇인가. 이 육체인가, 아니면 정신인가. 이 질문들은 누구나 인생에서 한 번은 마주치게 된다. 그리고 죽음을 의식할 나이에 가까워지면 다시 한번 반드시 떠올리게 된다.

데카르트의 사고가 완전하지 않았듯, 우리도 끝까지 답을 내리지 못할지도 모른다. 그래도 멈추지 말고 생각해 보는 것이다. 생각해 본다고 해서 칭찬을 받는 것도, 상을 받는 것도 아니지만 그저 내 사고의 지평을 넓히기 위해 스스로 생각해 본다.

책을 많이 읽어 박식해지는 것만으로는 독학이라 할 수 없다. 책을 읽기만 한다면, 그건 단순한 독서에 그친다. 인터넷에 넘쳐 나는 글만 봐도 알 수 있다. 책을 읽고 '생각'을 해야 비로소 독학이 된다.

완독할 필요는
없다

데카르트의 《방법서설》을 처음부터 끝까지 다 읽을 필요도 없다. 앞에서 인용한 몇 줄만 읽고 곰곰이 생각해 봐도 충분하다. 고전이라는 이름이 붙은 책을 전부 완독하려 들다가는, 절반도 읽지 못한 채 삶이 끝나 버릴 것이다.

옛사람이라고 해서 모두 답을 알고 있지는 않다. 나 역시 끝내 답을 찾지 못할 수도 있다. 다만 인간으로서 피할 수 없는 문제를 한 번이라도 진지하게 생각해 보는 것, 그것만으로도 사람은 달라진다. 바로 그 지점에서 진정한 변화가 시작된다.

고전을 읽는다는 건, 과거에 살았던 지성의 거인들과 함께 노는 일이다. 널리 알려진 명문구들이 그 놀이의 실마리가 될 것이다. 예컨대 우리가 기압을 나타낼 때 쓰는 '헥토파스칼Hecto Pascal'의 주인공, 블레즈 파스칼을 떠올려 보자. 그의 책 《팡세》에서 우리에게 잘 알려진 명문구 "인간은 생각하는 갈대다"라는 문장을 찾아낸 뒤, 그 앞뒤 문맥을 읽어 보는 것이다. 그리고 그 말의 진정한 의미가 무엇일지 나름대로 생각해 보면 된다. 남의 해석을 그대로 받아들일 필요가 전혀 없다.

붓다의 말로 알려진 '천상천하 유아독존天上天下唯我独尊'도 마찬가지다. 조금 찾아보면 알겠지만, 이 문장은 후대에 만들어진 표현이다. 오늘날 명언으로 전해지는 말 가운데 실제로 역사 속 인물이 그대로 했던 말은 그리 많지 않다. 하지만 바로 그 사실을 아는 것 자체가 의미 있다. 고전은 정답을 주는 교과서가 아니라, 생각하게 만드는 훌륭한 재료다. 그 점에서 고전은 지금도 충분히 살아 있다.

밑줄이 없다면
제대로 읽은 게 아니다

책에 밑줄을 긋는 건
뇌에 밑줄을 긋는 일이다

책을 읽으면서 밑줄을 긋는다. 그러므로 독학을 위한 책은 반드시 내 돈으로 산 내 것이어야 한다. 그렇다면 왜 굳이 책에 밑줄을 긋는 것일까? 거기에는 몇 가지 의미와 효용이 있다.

- 중요한 부분을 한눈에 표시한다.
- 저자의 핵심 주장과 요지를 강조한다.
- 의문이 드는 지점이나 문제의식을 표시한다.
- 시각적으로 각인되는 효과가 있어 내용을 오래 기억하게 된다.

책을 읽고 모조리 기억할 수 있다면 밑줄을 그을 필요가 없다. 하지만 그럴 수 없으니까 기억하고 싶은 문장에 밑줄을 긋는 것이다.

책에 밑줄을 긋는다고 말하지만, 정확히 말하면 자신의 뇌에 밑줄을 긋는 셈이다. 밑줄을 그음으로써 그 문장은 뇌에 깊이 각인되고 기억에 남는다.

밑줄은 선명하게 그어야 한다. HB 연필로 흐리멍덩하게 긋지 말고 3B 정도의 진한 연필로 확실하게 긋는다. 팁을 주자면, 밑줄의 모양을 구분해 두면 나중에 다시 읽을 때 편하다. 예를 들면 이런 식이다.

───── : 논지의 핵심, 혹은 저자의 주장.

〰〰〰 : 의심스러운 점, 혹은 나중에 검증이 필요한 점.

│　　　　: 여러 줄에 걸친 긴 문장의 왼쪽에 길게 긋는 선. 주장의 근거가 되는 문단이나 예증이 이어질 때 효과적이다. 직선 대신 아치형(⌒)으로 그리거나 괄호로 묶는 방법도 있다.

다만 이런 표시들의 의미를 통일해 두지 않으면 다시 읽을 때 오히려 더 헷갈릴 수 있으므로 그 점에 유의한다.

이 밖에도 특수한 경우에만 긋는 밑줄이 있다. 책을 다 읽고 나중에 대강 훑어보기만 해도 전체 흐름을 알 수 있는 이른바 '요약 밑줄'이다. 요약 밑줄은 논리 전개가 분명하고 구조가 중요한 책에만 그어야 한다. 또한 일반 밑줄과 섞이지 않도록 색을 구분하거나 두께가 다른 필기구를 쓴다.

주요 키워드나 저자 특유의 용어에 동그라미를 치는 경우도 있지만 대부분은 밑줄만으로 충분하다. 종류가 많아지면 관리가 번거로워진다. 지금 말한 서너 종류면 충분하다.

읽으면서 긋지 말고
다 읽고 긋는다

밑줄을 그을 때 가장 중요한 요령은 이것이다.

• 읽고 난 뒤에 선 긋기

흔히 읽으면서 밑줄을 긋는다고 말하지만, 실제로는 논지가 정리된 몇 페이지를 먼저 읽고 나서 긋는 게 정석이다. 책 한 권을 완독하고 긋는 게 아니다. 하나의 주제가 마무리되는 절이나 장을 다 읽은 뒤에 긋는 것이다. 그래야 쓸데없는 곳에 밑줄을 긋는 낭비를 막을 수 있다.

소위 지식인 중에는 박학다식한 사람이 많은데, 그들이 많이 아는 건 유별나게 기억력이 좋아서가 아니라 밑줄을 그으며 책을 읽기 때문이다. 밑줄을 그으면서 책을 읽으면 저절로 기억하게 된다.

밑줄을 그으며 읽으면 굳이 노트 정리를 할 필요가 없다. 뭔가 적어 둘 내용이 있다면 그때그때 책의 여백에 적어 둔다. 책에 여백이 있는 이유는 바로 거기에 생각을 남기라는 뜻이다.

메모는 사고가
진행 중이라는 표시다

메모는 감상문과 다르다. 느낌을 장황하게 적을 필요가 없다. 가령 같은 주제를 다룬 다른 저자와의 차이점이나 공통점, 함께 읽으면 좋을 책의 제목과 해당 페이지 정도를 적는다. 이때 참조하라는 뜻으로 'c.f.'를 쓰기도 하지만, 굳이 있어 보이려고 서양식 표기를 흉내 낼 이유는 없다. 중요한 건 형식이 아니라 연결이다.

메모는 완전한 문장이 아니어도 괜찮다. 짧은 토막 글, 단어, 핵심 구절이면 된다. 다만 명심할 점이 있다. 무엇을 적든, 명확하게 적어야 한다. 대충 적었다간 나중에 다시 펼쳤을 때 무슨 뜻이었는지 알 수 없다.

아주 오래전부터 사람들은 이렇게 책을 읽어 왔다. 정석 중의 정석이다. 그러니 이런 방식은 특별한 요령 도, 새로운 방법도 아니다.

나는 20대 초반에, 베르댜예프의 《고독과 사랑과 사회孤獨と愛と社會》를 읽고 이 문장에 밑줄을 그어 두었다.

과학적 철학은 철학의 부정이며, 철학이 지닌 우월성의 부인이다. 감정적 인식의 승인, 가치 감정에 의한, 공감과 사랑에 의한 인식의 승인은 결코 이성의 부정이 아니다.

그리고 그 아래 여백에 이렇게 메모해 두었다.

Gefühl ist alles. Goethe Werther.

감정이 전부다. 괴테 베르테르.

당시 나는 괴테도 읽고 있었는데, 소설《젊은 베르테르의 슬픔》의 문장이 자연스럽게 떠올라 독일어 그대로 적어 둔 것이다. 이 메모에 특별한 의미는 없다. 그저 연상되어 나왔을 뿐이다.

여백 메모는 이런 식이면 충분하다. 쓰는 행위 자체가 기억력을 강화하고, 뇌를 적극적으로 움직이게 만든다. 메모는 정리의 결과가 아니라 사고가 진행 중이라는 표시다.

책을 사지 않으면 공부할 수 없다

아무리 인상 깊은 책이라도 밑줄을 긋지 않고 읽으면 시간이 지나 내용이 희미해지기 마련이다. 그러나 밑줄을 그어 가며 읽으면 내용을 떠올리기 쉬워진다. 밑줄을 그으면 페이지에 작은 흔적이 생긴다. 그 자그마한 차이가 시각적인 인상을 남긴다. 이를테면 그 문장이 책의 오른쪽 페이지에 있었는지 왼쪽 페이지에 있었는지까지 함께 떠오른다. 문장을 넘어서 읽던 장면 자체가 기억에 남는 것이다.

전철 안에서 책을 읽다가 흔들림 때문에 줄이 삐뚤어지면 그 어긋난 선조차 기억의 일부가 된다. 나중에 삐뚤어진 밑줄을 다시 보면 '아, 이동 중에 읽던 부분이었지' 하고 당시의 상황까지 떠오른다.

간혹 필기도구가 없어 밑줄을 긋지 못할 땐 페이지 귀퉁이를 접어 두었다가 나중에 표시하면 된다. 위쪽 문장이면 위쪽 귀퉁이를, 아래쪽 문장이면 아래쪽 귀퉁이를 접는다. 페이지 전체가 중요하다면 아예 세로로 반 접어 둔다.

밑줄을 그으며 읽어야 비로소 책을 제대로 읽는 것이니, 도서관 책으로는 내 공부를 할 수 없다. 컴퓨터 화면으로 읽는 글도 마찬가지다. 좀처럼 기억에 남지 않는다. 그러므로 도서관은 이미 절판된 책을 찾거나 다음에 살 책을 미리 훑어보는 장소로 쓰는 것이 맞다. 일종의 견본 전시장인 셈이다.

읽을 책은
내 손으로 직접 고른다

휴대전화나 자동차에는 거리낌 없이 돈을 쓰면서 책값만 아껴 공부하겠다는 건 애초에 어불성설이다. 필요한 책을 바로 살 수 없는 환경은 독학에 치명적으로 불리하다. 또한 요즘은 인터넷으로 책을 주문하는 시스템이 잘 갖춰져 있는데, 이것이 편리한 건 사실이지만 책은 직접 페이지를 넘겨 가며 군데군데 읽어 볼 때 비로소 나에게 필요한 책인지 알 수 있다. 제목이나 소개 문구만 읽어 보고 주문하는 건 무모하며 대개는 돈 낭비로 끝난다.

주변에 잡지나 편향된 베스트셀러만 진열된 서점밖에 없거나 문화적으로 빈곤한 환경에 사는 것 또한 독학에 불리하다. 이는 사막 한가운데서 세계 각국의 식재료를 구해야 하는 상황과 다르지 않다.

"컴퓨터를 이용해 공부한다"라는 말도 엄밀히 따지면 성립하지 않는다. 어찌 되었든 컴퓨터는 책을 대신할 수 없다. 많은 사람들이 컴퓨터 사회가 도래했다고 떠들어 대지만, 기기가 컴퓨터화된다 해도 인간의 머리는 절대 컴퓨터가 될 수 없고, 컴퓨터는 절대 인간

의 머리가 될 수 없다. 결국 물건을 팔기 위한 광고 문
구에 불과하니, 그런 말에 속지 말아야 한다.

한 권에 머무르지 말고
다음 책을 읽어라

여러 권 읽으면
알게 된다

옛날 사람들은 글을 소리 내어 읽는 것이 일반적이었다. 이른바 음독音讀이다. 지금도 소리 내어 읽지 않으면 문장의 뜻을 이해하기 어려워하는 노인들이 남아 있다. 눈으로만 읽는 묵독默讀이 일반화된 것은 현대에 들어와서의 일이다. 음독으로는 책을 빨리 읽을 수 없다. 물론 빨리 읽어도 이해하지 못하고 넘어간다면 아무 의미가 없지만 말이다.

1950년대 중반까지만 해도 '독서백편의자현讀書百遍義自見'이라는 말이 통했다. 같은 책을 백 번 읽으면 뜻을 저절로 알게 된다는 의미다. 하지만 실제로 그런 기적 같은 일은 일어나지 않는다. 아무리 읽고 또 읽어도, 읽기만 해서 뜻이 서서히 이해되는 일은 없다.

어려운 책을 평생 모르는 채로 살아야 한다는 뜻이 아니다. 한 권에 머무르지 말고 다음 책을 읽어라. '다른 책'을 읽으면 '앞서 읽은 책'이 이해된다. 그러므로 많은 책을 읽고 싶다면 지금 손에 든 한 권부터 빨리 읽어 내는 것이 중요하다.

속독법 공부는
돈 낭비, 시간 낭비다

속독법부터 익혀야 한다는 뜻이 아니다. 책을 많이 읽다 보면 읽는 속도는 자연스럽게 빨라진다. 따라서 속독의 가장 큰 비결은 많이 읽는 것이다. 오히려 속독법을 배우려 할수록 훨씬 많은 시간과 비용이 든다. 그러니 책을 많이 읽기 위해서 속독법을 배우겠다는 건 돈 낭비, 시간 낭비일 뿐이다.

속독법으로 책을 빨리 읽어 봤자, 250페이지짜리

책을 한두 시간 만에 읽는 수준일 것이다. 만약 책의 일부만 읽고 넘어가는 수준의 속독이라면 좌우 페이지를 몇 초 만에 대략 파악해야 할 텐데, 이런 건 서점에서 어떤 책을 살지 고를 때나 써야 하는 방식이다.

책을 빨리 읽는 사람이라고 해서 모든 책을 빨리 읽는 것도 아니다. 책의 내용과 서술 방식에 따라 읽는 속도는 확연히 달라진다. 구성이 단순하고 내용이 어렵지 않으면 빨리 읽을 수 있겠지만 한 문장 한 문장을 곱씹어야 이해되는 책이라면 시간을 들여 정독하는 게 당연하다.

결국 읽는 속도는 본질적인 문제가 아니다. 중요한 건 정확하게 이해했는가다. 아무리 빨리 읽어도 충분히 이해하지 못했다면 그런 독서는 아무 의미가 없다.

심리 상태에 따라 책을 이해하는 수준도 달라진다. 감정이 격하게 흔들리고 마음이 조급한 상태에서는 아무리 공들여 읽어도 내용이 제대로 들어올 리 없다. 마음이 느긋하고 시간이 충분하다고 느낄 때 비로소 책을 이해하기 가장 좋다.

하루 일과를 모두 마친 밤이나 느긋한 휴일에 차분히 하는 독서가 가장 이치에 맞다. 그런 의미에서 잠

자기 한두 시간 전에 책을 읽으면 아침이나 낮에 읽을 때보다 훨씬 기억에 잘 남는다. 상습적으로 술 마시는 사람은 늘 그런 기회를 빼앗기는 셈이다.

지금 당장
한 페이지를 읽어라

책을 많이 읽을수록 지식은 자연스럽게 늘어난다. 여기에 다독이 주는 또 하나의 효과가 있다. 세상일을 이해하는 속도가 빨라지는 것이다.

독서를 하면 어휘가 자연스레 늘고, 다양한 논리와 서술 방식이 몸에 밴다. 덕분에 현실에서 마주하는 문제의 구조와 작동 원리를 파악하기가 쉬워진다. 이는 곧 상황에 휘둘리지 않고 침착하게 판단을 내리는 힘으로 이어진다.

책을 많이 읽으면 표현력도 풍부해진다. 표현력은 타고나는 게 아니라 수많은 문장을 읽으며 길러지는 것이다. 프로 작가들의 글이 유려한 이유는 재능보다도 압도적인 독서량 덕분이다. 그들의 서재가 책으로 가득 찬 것도 단순히 취향 때문이라 보기는 어렵다.

많이 읽기 위해 많은 시간을 낼 필요는 없다. 자투리 시간에 몇 페이지씩 읽어도 충분하다. 시간 관리에 집착하며 고민하는 건 오히려 독서를 방해한다. "막상 해 보면 별것 아니다"라는 말은 독서에도 해당한다. 계산하고 망설이기보다, 지금 당장 한 페이지를 넘기는 편이 훨씬 낫다.

오리지널을 읽으면
세계관이 바뀐다

각색된 작품을
사실로 믿고 있는가

대부분의 사람들이 전해 들은 말이나 소문, 혹은 픽션을 사실로 믿는 경향이 있는 것 같다. 가령 수백 년 전 과거를 묘사한 영화나 TV 드라마 속 장면이 실제 모습과 같을 거라 생각하고, 역사 소설에 묘사된 세계 또한 의심 없이 그대로 믿어 버린다.

'과거 사람들에게는 분명한 가치관과 질서가 있었을 테고, 예외는 있겠지만 대체로 긍지를 지키며 도덕적으로 살았을 것이다.'

'서민들은 소박하고 평화를 사랑하며, 현대보다 훨

씬 여유로운 삶을 살았을 것이다.'

이런 식의 상상을 하며 말이다. 나 역시 한때는 그렇게 믿었다. 드라마나 영화의 시대극을 보며 무사들에게 긍지가 있었다고 말이다. 하지만 역사 자료와 기록을 다룬 책들을 읽으면서, 내가 오랫동안 품고 있던 과거에 대한 이미지가 여러 전언과 관념이 뒤섞여 만들어진 결과물, 즉 픽션에 가깝다는 사실을 깨달았다. 나는 일본의 에도 시대 무사가 기록한 일기를 읽으며 그 시대가 결코 낭만적이지 않았다는 걸 알게 되었다. 에도 시대의 일상에는 폭력과 불안이 스며 있었고, 탐욕과 잔인함이 끊임없이 등장했다.

타임머신이 없는 이상, 우리는 과거로 돌아갈 수 없다. 그래서 상상에 의존할 수밖에 없다. 문제는 그 상상이 대개 이상이나 동경, 관념을 중심으로 구성된다는 점이다. 그렇게 과거는 현실과 동떨어진 좋은 이미지로 포장되어 재현된다.

역사 소설이나 시대극은 문학과 예술로서는 훌륭하지만 그 안에 등장하는 인물과 세계는 종종 과거의 모습을 빌려 현재의 인간과 감정을 그려 낸 것에 가깝다. 소설 속 과거는 실제 역사 그 자체로 보기 어렵다.

그 시대의 인물이
직접 기록한 문장을 읽어라

그렇다면 과거의 모습은 영영 미스터리로 남겨야 하는 것일까? 꼭 그렇지는 않다. 영상은 없지만 문장은 남아 있지 않은가. 당대를 살았던 사람이 직접 기록한 글을 읽으면, 후대의 상상이 아닌 그 시대의 실제 모습을 엿볼 수 있다.

그중에서도 하나의 사회를 외부인의 시선으로 상세히 관찰한 기록은 특히 중요하다. 익숙한 관념에서 벗어나, 사회 구성원이 미처 보지 못했던 면이 드러나기 때문이다. 대표적으로 16세기 일본을 기록한 '루이스 프로이스의 보고서'가 그러한 자료다.

포르투갈 예수회 선교사인 루이스 프로이스는 16세기 일본에 건너가 35년간 머물렀다. 그는 일본 사회와 서양 사회가 얼마나 다른지를 세세하게 관찰하며 기록으로 남겼는데, 방대한 기록의 일부가 오늘날 책으로 전해지고 있다.

그의 기록을 몇 가지 발췌하면 다음과 같다. (괄호 안은 역자의 주석이다.)

우리는 산책을 큰 휴양이자 건강에 좋고 기분 전환이 되는 것으로 여긴다. 그런데 일본인은 산책을 전혀 하지 않는다. 오히려 그걸 이상하게 여기며, 일 때문이거나 참회를 위한 것이라고 생각한다.

우리 사이에서는 가르침을 배반한 자를 배교자, 변절자로 취급한다. 일본에서는 마음 내키는 대로 몇 번이고 변절하며, 이를 조금도 불명예스럽게 여기지 않는다.

우리 사이에서는 의사가 시험을 치르지 않으면 처벌받고 치료도 할 수 없다. 일본에서는 생계를 꾸리기 위해, 원하는 자는 대개 누구나 의사가 될 수 있다.

유럽에서는 지면에서 집으로 들어간다. 일본에서는 건너가기 위한 다리를 목재나 돌로 만든다. (도로가 아치형이라 집 앞에 도랑이 생기므로, 작은 다리를 건너서 집으로 들어가게 된다.)

우리는 바다의 요정이나 해인(인어) 따위는 모두 허구라고 생각한다. 그들은 바다 밑에 도마뱀의 나라가 있고,

그 도마뱀은 이성을 갖추고 있어 위험에서 구해 준다고 믿는다.

특히 당시 일본에서 일어나는 살인에 대한 프로이스의 관찰 보고는, 일본인들이 일반적으로 품고 있던 '옛 사회'의 이미지를 단번에 뒤집는 것이었다.

우리 사이에서는 그럴 권한이나 사법권을 가진 사람이 아니면 사람을 죽일 수 없다. 일본에서는 누구나 자기 집에서 사람을 죽일 수 있다.

우리 사이에서는 사람을 죽이는 게 끔찍한 일이지만, 소나 암탉 또는 개를 죽이는 건 끔찍한 일이 아니다. 일본인은 동물을 죽이는 걸 보면 기겁하지만, 살인은 예사로운 일이다.

우리 사이에서는 절도를 해도, 상당한 금액이 아니면 죽임을 당하지는 않는다. 일본에서는 아주 적은 액수라도, 이유 불문하고 죽임을 당한다.

우리 사이에서는 남을 죽였더라도 정당한 이유가 있고 자기방어를 위해서였다면 목숨은 건진다. 일본에서는 사람을 죽였다면 그 때문에 죽어야 한다. 또한 당사자가 나타나지 않으면 타인이 그를 대신해 죽임을 당한다. (중세법에서는 살인범을 상대측에 넘겨 죽게 했다. 범인 대신 부모나 자식이 죽는 일도 흔했다.)

이 정도만 보아도 일본의 시대극에 묘사된 과거 일본 사회의 모습이 매우 단순화된 이미지였다는 걸 알 수 있다. 실제로는 목숨이 가볍게 여겨졌고 살인과 죽음이 일상에 깊이 스며든 사회였다.

중요한 점은 이것이다. 이런 인식의 전환은 거창한 이론이나 해석에서 나온 게 아니라 한 권의 기록, 그 안에 담긴 몇 줄의 문장을 읽는 것만으로도 가능했다는 사실이다. 우리는 근거 없는 전언이나 후대의 픽션이 만들어 낸 이미지로 과거를 상상해 왔다. 그러나 직접 기록한 문장을 읽는 순간, 그 환상은 너무도 쉽게 무너진다. 이것이 독서가 세계를 바꾸는 방식이다.

어설픈 상상보다
오리지널에 힘이 있다

환상이 깨지는 순간은 세계와 역사에 대해 새롭게 눈뜨는 순간이다. 동시에, 우리가 세상을 바라보는 방식이 바뀌는 때이기도 하다. 더 나아가, 이전과 다른 내가 되어 가는 변모의 순간이라 할 수 있다.

우리는 학교에서 많은 것을 배운다. 하지만 대부분 명칭을 익히는 데 그친다. 엄밀한 의미의 배움이라고 보기 어렵다. 여기에 각자의 고정관념이 덧붙여지면서 실제로 존재하지 않았던 역사와 세계를 제멋대로 상상하게 된다. 이름을 안다는 이유만으로 다 안다고 착각하면, 편견이 만들어 낸 상상을 현실로 믿게 된다. 한번 굳어진 인식은 좀처럼 흔들리지 않는다.

하지만 한 걸음 더 나아가 '진짜'를 직접 마주하면 상황은 달라진다. 원전, 직접 쓴 기록, 당대의 문장처럼 오리지널은 언제나 우리의 어설픈 상상을 훌쩍 넘어선다. 급할 때는 해설서를 읽는 일도 필요하겠지만, 어쨌든 한 번은 오리지널을 직접 접해 봐야 한다. 그래야 막연히 알던 것이 분명해지고, 이전에는 보이지 않던 세계의 지평이 열린다. 세계관이 바뀐다는 것은 바로 그런 순간을 가리킨다.

교양은 지식을 바탕으로 하지만
끊임없이 자신에게 질문을 던지는
윤리적인 태도로 완성된다.
교양은 세상에 아부하기 위한
처세술과는 전혀 다른 것이다."

"교양은 지식을 바탕으로 하지만
끊임없이 자신에게 질문을 던지는
윤리적인 태도로 완성된다.
교양은 세상에 아부하기 위한
처세술과는 전혀 다른 것이다."

3장

교양의 세계

더 깊게, 더 넓게
이해하는 힘을 배우다

교양이란 지식을
지혜로 바꾸는 힘이다

지식이 많다고
교양인이 아니다

교양이란 무엇인가? 이렇게 질문하면 사람들은 저마다 다른 설명을 내놓는다. 표현은 제각각이겠지만 결국 공통적으로 말하는 조건은 분명하다. 교양은 지식을 바탕으로 형성된다는 점이다.

그러나 지식이 많다고 해서 곧바로 교양인이 되는 것은 아니다. 학교나 학계에 몸담고 있어도, 말과 행동이 거칠고 배려가 없다면 교양 있는 사람이라 부르기 어렵다. 이 점에서 교양은 지식처럼 독립된 개념이 아니다. 머릿속에 얼마나 많은 정보를 담고 있는지는 중요치 않다. 가진 지식을 어떻게 삶에 적용하는지가 관건이다. 지식을 지혜로 바꾸고, 타인을 배려하는 태도가 드러나는 사람을 '교양인'이라 부를 수 있다.

따라서 교양을 갖춘다는 것은 공부를 한다는 뜻이 아니다. 지식과 지혜를 행동으로 옮긴다는 의미다. 학벌이 아무리 좋아도 횡령을 하거나 성범죄를 저지른다면 교양인이 아니다. 너무 당연한 이야기 같지만 실제로 많은 사람이 상대방의 학력이나 직함만 보고 교양을 갖추었다고 오판한다. 일례로 요즘 출판물을 보면 저자의 직함을 전면에 내세운 경우가 적지 않은데, 이는 직함을 통해 책의 내용을 신뢰하게 만들려는 계산이다. 달리 말하면, 독자가 저자의 직함을 보고 구매를 결정할 것이라 생각하는 것이다.

직함과 상관없이 진짜 교양을 갖춘 사람은 어떤 사람일까? 만약 누군가가 교양인이라고 불린다면, 그 이유는 상황에 따라 무엇이 최선인지 고민하고 그에 맞는 행동을 하려 노력하기 때문이다.

더 나은 삶을 실천하는 존재라는 점에서 교양인은 타인과 사회에 선한 영향을 준다. 물론 교양인이 언제나 모범 답안을 제시하지는 않을 것이다. 다만 인간의 선^善

을 조금이라도 실현하는 데 기여하는 것은 분명하다.

지식을 도구로 쓰는 것을
경계한다

나는 자격증을 따기 위해, 혹은 취업에 유리해지기 위해 공부하는 것을 경계하는 편이다. 지식을 목적이 아닌 도구로 취급하게 되기 때문이다.

악인의 특징 가운데 하나는 지식을 도구화한다는 점이다. 남을 속여 장사해서 돈을 벌려는 사람은 심리학을 공부해서 도구로 써먹는다. 그건 심리학의 악용이다. 지식은 얼마든지 악용될 수 있다. 핵분열을 이용해 핵폭탄을 만드는 예를 들 필요까지도 없다.

어떤 목적을 달성하기 위해 지식을 도구로 쓰는 사람에게 지식은 자기 삶의 방식이나 행실과 무관한 것이다. 그런 태도에서 교양인이 나올 수는 없다. 그들에게 있어 '선'이란 수많은 관념 중 하나일 뿐, 자신이 현실에서 마주하고 책임져야 할 문제로 받아들이지 않는다. 그 태도 자체가 반인간적이라는 사실조차 깨닫지 못한 채 말이다.

교양은 지식을 바탕으로 하지만 끊임없이 자신에게 질문을 던지는 윤리적인 태도로 완성된다. 교양은 세상에 아부하기 위한 처세술과는 전혀 다른 것이다.

교양에 성서가
빠지지 않는 이유

어느 평론가의
실수

　　　　한 유명 평론가가 외국 신문을 인용해 세계정세를 해설하는 칼럼을 주간지에 연재한 적이 있다. 2005년 6월 17일 자를 보니, 프랑스에서 발행한 영어 신문 〈인터내셔널 헤럴드 트리뷴〉의 기사 인용문과 그 평론가의 해설이 함께 실려 있었다. 첫 문단은 영어 기사의 번역문이고, 이어지는 문단은 평론가의 해설이다.

　　"이 합병 매수 전쟁은 다윗 대 골리앗의 양상을 띠고 있다. 젊은 세대 대 늙은 세대, 유능하고 캐주얼한 기업가

대 양복을 갖춰 입은 기업 경영자, 쿨한 일본 대 한물간 일본 주식회사의 구도다."

양치기 소년 다윗이 거인 병사 골리앗을 쓰러뜨린 그리스 신화에 빗대어, 신세대를 대표하는 호리에 다카후미堀江貴文[1] 사장과 구태의연한 일본 주식회사의 수구 세력Japan Inc's old guard인 히에다 하사시日枝久[2] 회장의 대비를 읽어 내는 것이다. …

이 평론가는 국제적 감각을 갖췄다고 자부하며, 영어에도 능통한 것으로 알려져 있다. 실제로 그는 거물급 평론가다. 하지만 그는 다윗과 골리앗의 싸움을 '그리스 신화'에 나오는 이야기라 생각했다. 고대 신들을 의인화한 그리스 신화에는 다윗도 골리앗도 등장하지 않는다. 다윗과 골리앗의 싸움은 구약성경 〈사

1 　일본의 실업가. IT 버블 시기 포털 사이트 Live door를 급성장시키며 젊은 기업가의 상징으로 주목받았다. 기존 대기업 중심의 일본식 경영과 대비되는 파격적인 행보로 신세대 경영자의 대표적 인물로 거론되었다.

2 　일본의 언론 경영인. 후지산케이 그룹을 장기간 이끌며 일본 방송, 언론계를 대표해 온 인물이다. 안정과 관행을 중시하는 기존 대기업 경영의 상징으로, 일본식 기업 지배 구조의 핵심 인물로 자주 언급된다.

무엘기 상〉에 나오는 이야기다.

교양이 부족한 대필 작가를 쓴 것이 아니라면, 이 유명 평론가는 기초적인 교양이 부족하다는 뜻이 된다. 편집자나 출판사 교열부는 이 오류를 왜 걸러 내지 못했을까? 알고도 지적할 수 없는 권력관계에 놓여 있었던 걸까? 어느 쪽이든 결과적으로 독자에게 잘못된 정보가 전달되었다.

모든 문화의 밑바탕에
종교가 있다

자막을 단 외국 영화를 보다 보면 이와 비슷한 오류를 종종 발견한다. 이를테면 가톨릭교 신부와 개신교 목사를 혼동하는 것이다. 이런 건 번역가 개인의 문제라기보다 번역 과정에 관여한 스태프 전반의 기초 교양이 부족하기 때문에 생기는 일이다.

대학교수 중에도 교양이 부족한 사람이 많다. 실제로 명문대 교수들이 편집했다는 한 철학 사전에는 기독교에서 자주 쓰는 '성령聖靈'을 '정령精靈'이라고 썼다. 이런 실수에는 공통점이 있다. 모두 '종교'에 관한 것이라는 점이다. 많은 사람이 종교에 관해 잘 모른다. 너무 많은 사람이 비슷한 오류를 공유하고 있어서, 그것이 오류라는 사실조차 깨닫지 못할 정도다.

종교를 깊이 알 필요가 없다고 생각하는 사람도 적지 않다. 물론 깊이 알 필요는 없다. 하지만 **최소한의 지식 정도는 알아 두기를 권한다. 인류가 이뤄 낸 모든 문화의 밑바탕에는 종교가 깔려 있기 때문이다.**

할리우드 영화조차 그렇다. 모험을 즐기는 고고학자 이야기 〈인디아나 존스〉 시리즈에서 해리슨 포드가 연기하는 인디아나 존스는 '성궤'를 찾는 인물이다. 여기서 성궤란 무엇일까? 보물 같은 것일까? 아니다. 성궤는 모세가 신에게 받은 십계명이 새겨진 두 개의 석판을 보관한 상자다. 결국 이 영화는 관객이 《성경》의 대표적인 이야기를 알고 있다는 전제를 바탕으로 만들어진 오락 영화다.

할리우드 영화 산업에는 유대계 인사가 압도적으로 많다. 그래서 할리우드 영화는 유대교를 노골적으로 모욕하는 내용이 거의 등장하지 않는다. 이런 점들을 고려하면 자막 번역가와 영화 평론가는 종교에 대해 일정 수준 이상의 교양을 갖추고 있어야 할 것이다. 하지만 현실은 그렇지 않다. 그럼에도 그들이 전문가로 통하는 이유는 대부분의 관객 역시 영화의 표면만을 소비하고 있기 때문일 것이다.

기독교를 알면
철학도 이해된다

학문 중에서도 종교에 대한 지식이 없기 때문에 난해하게 느껴지는 것들이 많다. 대표적인 것이 철학이다.

사람들은 흔히 철학이 어렵다고 말한다. 철학과 교수들조차 그렇다. 실제로 철학과 교수들이 쓴 책을 보면 지나치게 어렵다는 걸 금세 느낄 수 있는데, 철학이 어렵다고 믿는 사람이 철학을 더 어렵게 쓰고 있는 것이다.

왜 그들은 철학을 어렵다고 생각할까? 종교를 모르기 때문이다. 정확히 말하면, 종교적 교양이 부족해서다. 바탕에 깔린 종교만 알면 철학은 그리 난해한 학문이 아니다. 칸트도, 하이데거도, 니체도, 사르트르도 그들의 문장만큼 내용이 난해한 사상가가 아니다.

한마디로 철학이란 사물의 근원을 알려는 노력에 불과하다. 철학자는 종교가 신을 근원으로 두고, 거기서부터 세계를 규명해 나간다는 사실을 알고 있다. 다만, 종교에 의지하지 않고 오직 자신의 힘으로 세계를 다시 비추려 할 뿐이다. 즉, 신의 자리를 대신하려는 시도다.

철학자는 모든 것을 알 수만 있다면 악마에게 영혼을 팔아도 좋다고 여긴 파우스트 박사 같은 존재다. 이처럼 철학은 일반적인 학문이라기보다는 종교에 가까운 태도를 취하게 한다. 이런 전제를 모르는 사람이라면 철학을 어려워하는 게 당연하다.

철학만의 이야기가 아니다. 예술 역시 종교와 깊게 얽혀 있다. 기독교를 모르고 바흐의 음악에 온전히 감응하기는 어렵다.《성경》을 모르고 살바도르 달리의 그림을 이해할 수는 없다. 사무엘 베케트나 그레이엄 그린의 문학은 더 말할 것도 없다.

인간이 구사해 온 문장의 거의 모든 형식은 이미《성경》의 각 문서에 나와 있다. 서양 시詩의 퇴폐미 역시 종교적 맥락을 알고 나면 비로소 보인다.

　이처럼 인간이 향유하는 문화의 상당 부분은 종교를 토대로 형성되었다. 더 정확히 말하면,《성경》에 의해서 말이다.

성서를 모르면
세계를 이해할 수 없다

　　　　　　나는 특정 종교를 전파하려는 게 아니다. 다만,《성경》을 모르면 세계를 이해하기 어렵다는 사실을 말하고 있을 뿐이다. 많은 사람들이 교양서로 읽는《논어》는 분명 좋은 책이지만 교양을 쌓는 데 한계가 있다. 세계의 문화를 형성한 책은 아니기 때문이다. 교양을 갖추기 위해서는 전 세계에 영향을 미친《성경》을 조금이라도 읽어 두어야 한다. 무엇을 공부하든《성경》을 읽지 않고 시작한다면 내 안에 새로운 편견을 하나 더 만드는 꼴이다. 결국 앞서 언급한 평론가처럼 그리스 신화와《성경》을 구별하지 못하는 사람이 되는 것이다.

　《성경》을 전도용 책자로 오해하는 경우도 있는데,《성경》에는 은혜로운 말들만 적혀 있지 않다.《성경》

은 인간에 대한 신의 개입이다. 신은 끊임없이 인간에게 관여하고 가르침을 주었다. 흔히 법률의 원형이 '함무라비 법전'이라고 생각하지만, 타인에게 해를 입어도 복수하지 말고 배상으로 해결하라는 법의 기본은《성경》에서 나온 것이다. 정치인이나 지식인, 학자가 고안한 게 아니다.

세상에는 성전이니 경전이니 하는 책들이 수없이 존재하지만, 그중에서 세계를 형성하는 데 실제로 기여한 것은《성경》뿐이다. 단순히 기독교 신자가 세계 인구의 다수를 차지했기 때문에 현대 세계가 만들어진 것이 결코 아니다.

진정한 교양의 출발점은《성경》을 읽는 데 있다. 대충이라도 읽어 두면 그 이후의 이해도가 완전히 달라진다. 세계의 토대가《성경》에 있기 때문에,《성경》에 무엇이 어떻게 적혀 있는지를 아느냐 모르느냐에 따라 세상을 보는 눈도 달라진다.

하루에 세 시간씩 읽으면 모든《성경》을 읽는 데 한 달쯤 걸린다. 그만한 시간 내기가 어렵다면 적어도 다음 문서들만이라도 읽어 보기를 권한다. 세계의 중요한 서적이나 사고방식은 모두 이 문서들을 전제로 하고 있다.

구약성경

- 〈창세기〉
- 〈출애굽기〉
- 〈레위기〉
- 〈사무엘기〉
- 〈욥기〉
- 〈요나〉

신약성경

- 〈마태복음〉
- 〈요한복음〉
- 〈사도행전〉
- 〈로마서〉
- 〈요한계시록〉

세계 3대 종교를 알면
시야가 넓어진다

《성경》 이외의 종교 서적은
맛만 본다

앞서 《성경》의 중요성과 최소한 읽어 두면 좋을 문서들을 이야기했다. 물론 《성경》이 세계의 모든 문화를 포괄할 수는 없을 것이다. 그래서 다른 종교의 경전과 사상서도 접해 두는 편이 좋다. 통째로 읽을 필요 없이 맛보기 수준으로 읽어 봐도 충분하다. 전체적인 분위기와 문제의식 정도만 파악해도 아예 읽지 않은 사람과 큰 차이가 생긴다. 조금 읽어 본 뒤, 자세히 알고 싶은 마음이 생기면 그때 제대로 읽으면 된다.

처음부터 만만해 보이는 값싼 해설서부터 집어 드

는 사람들이 있는데, 이는 성서에 지나치게 겁을 먹은 탓이다. 하지만 이 선택은 오히려 멀리 돌아가는 길이라는 걸 기억하라.

이슬람 세계를 이해하는 열쇠
《코란》,《하디스》

이슬람교에서 경전으로 여기는《코란》은 글자가 빽빽하고 문체도 장엄하다. 보기만 해도 부담스럽고 읽다 보면 거북하게 느껴질 수도 있지만, 그런 문체가《코란》의 특징이기도 하다. 접근이 쉽지 않은 책인 것은 분명해서, 도저히 정독이 힘들다면 앞서 말한 훑어보기 방식으로 책의 전체적인 존재감을 익힌 뒤 조금씩 읽어 나가도 좋다.

《코란》은《성경》과 달리 장이 시간 순서에 따라 배치되어 있지 않다. 그래서 순서대로 읽으면 앞뒤 맥락이 잘 잡히지 않아 당황스러울 수 있다. 하지만 이는 곧 어디서부터 읽어도 상관없다는 뜻이기도 하다. 그러므로 읽기 쉬워 보이는 부분부터 펼쳐도 무방하다.

성전聖戰인 지하드에 관한 구절을 보고 싶다면 제8

장 '전리품의 장', 제9장 '회개의 장'을 읽는다. 이슬람교의 독단성을 알고 싶다면 제2장 '암소의 장', 내세관을 알고 싶다면 제57장 '철의 장', 제3장 '이므란 가의 장', 운명관이 궁금하다면 제13장 '천둥의 장'을 보면 된다.

이슬람교에는《코란》외에도 제2의 성전이라 할 만한 책이 있다. 바로《하디스》다. 여기에는 이슬람교의 창시자 무함마드가 무엇을 말했고 어떻게 행동했는지가 아주 세세한 목격담 형태로 기록되어 있다. 예를 들면 무함마드가 화장실에 들어갈 때 했던 말부터, 부부 관계 이후의 몸가짐까지 적혀 있다.《하디스》의 분량은 코란의 세 배에 이르지만, 서두에 해당하는 '청결의 장'만 읽어도 무함마드의 카리스마와 이슬람교의 분위기를 충분히 느낄 수 있다.

시각 자료를 많이 넣은 해설서는 오히려 이슬람교를 이해하기 어렵게 만들기도 한다. 또한 이슬람교도가 쓴 저서나 이슬람교에 동조하는 저자의 책은 학자가 썼다 해도 내용이 상당히 편향된 경우가 많다.

《코란》을 읽기 전에는《성경》을 먼저 읽어 두면 좋다.《코란》은《성경》을 전제로 한 종교서이기 때문이

다. 무작정《코란》부터 읽으면 이해하기 어렵고 혼란
에 빠질 우려가 있다.

종교 이전의 불교를 알고 싶다면
《숫타니파타》,《정법안장》

서점에는 언제나 과하다
싶을 정도로 불교 관련 서적이 넘쳐난다. 그중에서도
《반야심경》해설서는 언제나 잘 팔린다.《반야심경》
이 유명한 경전이긴 하지만 거기에 고타마 싯다르타,
즉 석가모니의 말이 적혀 있진 않다.《반야심경》은 석
가모니 사후 수백 년이 지나고 학승들이 불교 사상을
요약한 다이제스트판에 가깝다.

석가모니의 말은 현존하는 불교 경전 중 가장 오래
된 경전으로 알려진《숫타니파타》에 정리되어 있다.
이 책을 한마디로 요약하자면 '성실하게 살지 않으면
깨달음을 얻을 수 없다'는 내용이다.

그 평이함은《반야심경》에서 확연히 드러나는 고대
철학과는 천지 차이다. 너무 담담해서 졸음이 쏟아질
지도 모르지만, 한 번 읽어 두면 불교를 감각적으로

이해하게 된다. 사상이나 해석이 덧붙기 이전의 불교, 보다 원초적인 불교의 정신을 느낄 수 있기 때문이다.

《정법안장正法眼蔵》은 일본 가마쿠라 시대[3] 조동종曹洞宗의 도겐道元이 쓴, 수행승을 위한 수행 매뉴얼이다. 일본 최초의 철학서라고 해도 무리가 없다. 그렇다고 내용이 어렵지는 않다.《정법안장》을 읽게 된다면 부디 해설서가 아닌, 원문과 번역이 함께 실린 책을 권한다. 분량은 많지만, 처음 50페이지 정도만 읽어도 좋다. 그 안에 자주 인용되는 문장들이 여럿 등장할 것이다.

앞서 여러 번 말했듯, 처음부터 해설서를 읽으면 해설자의 시각을 그대로 받아들이게 된다. 책은 원문을 먼저 읽어야 한다. 솔직하게, 편견 없이 읽는 것이 가장 정확한 길이다.

---

3 일본 중세의 시작에 해당하는 12세기 말~14세기 초로, 정치의 중심이 교토에서 가마쿠라로 옮겨졌기 때문에 이렇게 불린다. 무사 정권이 성립하면서 귀족 중심의 질서가 무너지고, 이후 일본 사회의 정치·사회 구조가 크게 변화했다.

사이비 종교에
속지 않는다

종교 서적을 읽는다고 해서, 해당 종교에 쉽게 물들거나 사이비 종교에 빠지게 될 것을 걱정할 필요는 없다. 후자는 오히려 그 반대다. 수많은 젊은이가 사이비 종교에 쉽게 포섭되는 이유는 그들이 진짜 종교에 대해 무지하기 때문이다. 사이비는 어느 종교에나 있다. 불교를 가장한 사이비도 있고, 기독교를 내세운 사이비도 적지 않다. 그런 단체에 쉽게 끌려가는 사람은 해당 종교의 경전을 직접 읽어 보지 않은 경우가 대부분이다.

만약 불교의 초기 경전이나 기독교의 원전을 직접 읽어 본 경험이 있다면, 교주를 자처하는 사기꾼의 말에 쉽게 현혹되지는 않을 것이다. 결국 사이비 종교에 빠진 사람들은 누군가에게 속았다기보다, 스스로 생각할 기회가 없었던 것이다.

예전 저서에 이런 내용을 썼을 때, 한 단체로부터 항의에 가까운 문서가 출판사로 전달된 적이 있다. 직접 답변하려 했지만 연락처조차 명시되어 있지 않았다. 대화를 통한 검증이나 논의보다는 형식적인 문제 제기에 그치려는 태도로 보였다. 설령 대화의 자리가 마련되었다고 해도 본질은 달라지지 않는다. 스스로 생각하고 판단하는 힘이 있었다면 애초에 사이비 종교에 발을 들여놓는 일 자체가 없었을 것이기 때문이다.

당신은 왜 외국어를 배우려 하는가?
독학하는 사람에게 외국어는
허세나 장식이 아니다.
외국어는 유용한 도구다.

4장

언어의 세계

외국어로 읽고 쓰고
말하는 감각을 배우다

모국어가 안 되면
외국어도 무리다

모국어부터
바르게 쓴다

말은 그 사람의 생각과 모습을 적나라하게 반영한다. 거친 사람은 거친 말을 쓰고, 폭력적인 사람은 말에 폭력성이 묻어 있으며, 경박한 사람은 말하는 방식에서 경박함이 보인다. 소심한 사람은 강단 있는 사람보다 소심한 표현을 훨씬 더 많이 쓴다.

사고와 언동이 밀접하게 연결된 이유는 분명하다. 인간은 언어로 생각하고 언어로 판단하기 때문이다. 그러므로 언어는 타인의 사고와 행동에까지 영향을 미친다. 대부분의 사람은 자신이 모국어만큼은 거의 완벽하게 구사한다고 믿지만, 실제로 200자 남짓한 글을 그 어떤 오류 없이 쓰는 사람은 생각보다 많지 않다. 모국어조차 제대로 구사하기가 쉽지 않은 것이다.

모국어가 안 되는 사람은 아무리 외국어 학원을 다닌다고 해도 실력이 제대로 늘 수 없다. 모국어로 표현할 수 있는 세계보다 외국어로 표현할 수 있는 세계가 훨씬 좁다. 예를 들어, 모국어 표현력이 80퍼센트 수준인 사람은 외국에서 성실히 공부한다 해도 기껏해야 60퍼센트 정도밖에 습득할 수 없을 것이다. 결국 외국어도 언어이기 때문에, 이를 잘하기 위해서는 모국어로 생각하고 표현하는 능력이 뒷받침되어야 한다.

외국어는
원래 어렵다

유학을 가도 쉽지 않은데 퇴근 후 어학원에서 한두 시간 수업을 듣는다고 원어민처럼 될 수 있을까? 어학원 광고는 그런 확신을 앞세워 수강생을 끌어 모은다. 학습자를 위해서가 아니라 순전히 학원의 이익을 위한 운영이다.

물론 학원마다 커리큘럼이 다를 것이다. 하루 종일 일대일 수업을 진행하고, 장기간 집중적으로 훈련하는 학원이라면 빠르게 늘 수 있을 것이다. 그런 환경에서 꾸준히 노력한다면 외국 대학에 진학할 만큼의 실력도 갖출 수 있다. 다만, 이 경우에도 개인의 노력이 필요하다는 사실은 변하지 않는다.

외국어를 배우고 싶다면 현지인과 연애를 하라고 말하는 사람도 있다. 하지만 현실적인 방법은 아니라고 생각한다. 연인이 외국어 교육에 능숙한 전문가도 아닐 테고, 일상 대화로 익히는 표현에는 한계가 있다. 오히려 부정확한 말버릇이 생길 수도 있다. 외국인 애인만 믿고 아무 노력도 하지 않는다면 고작 몇 가지 어휘만 사용하게 될 뿐이다. 외국어를 정말 내 것으로 만들고 싶다면, 스스로 생활 전반을 해당 언어에 집중시키는 노력이 필요하다.

결국 외국어 공부는 지속적인 의지와 상식을 벗어난 수준의 노력을 갖춰야 하는 것이다. 그리고 그렇게 애를 써도 외국어로 표현할 수 있는 범위는 모국어 능력의 일부에 그친다. 다시 말해, 충분한 독서 경험이 없거나 애초에 표현력이 단단하지 않다면 외국어도 깊이 있게 사용할 수 없다는 뜻이다. 그래서 어린 나이에 조기 교육을 받는 것이 꼭 좋다고 말할 수 없다. 어휘력과 사고력이 충분히 자라지 않은 상태에서는 언어 습득에 한계가 있다.

결국 출발점은 분명하다. 외국어를 배우기 전에 먼저 모국어를 제대로 익혀야 한다는 것. 모국어는 풍부한 독서를 통해서만 단단해진다. 조잡한 문장으로 가득한 매체나 부정확한 언어가 난무하는 환경에서는 언어 감각을 기르기 어렵다.

나에게 언어 감각이 있는지 확인하는 법

언어가
그 사람을 대변한다

외국어 공부는 언어 감각이 있는 사람에게 훨씬 유리하다. 당연히 언어 감각이 있는 사람이 상대적으로 빠르게 늘 수밖에 없다. 그렇다면 언어 감각이란 무엇일까? 그것은 언어 전반에 대한 강한 관심이다.

상대방에게 언어 감각이 있는지 없는지는 잠깐만 대화해 봐도 금방 알 수 있다. 언어 감각이 있는 사람은 대체로 정확하고 폭넓은 어휘를 구사한다. 반면 언어 감각이 없는 사람은 자신만의 버릇이 있다. 몇 가지 익숙한 표현으로 모든 대화를 억지로 이어 나가는 것이다. 이는 말투의 문제이기 이전에 사고 패턴이 제한적이라는 뜻이다. 즉, 논리의 폭이 좁다.

틀에 갇혀 사고하는 사람은 다른 나라의 사고방식이나 그 나라만의 고유한 표현을 받아들이지 못한다. 흔히 고집이 세다거나 제멋대로라는 평가를 받는 사람, 혹은 타인에 대한 배려가 부족한 사람은 언어도 빈곤하고 사고도 빈약하다. **언어는 사고의 외피이자 도구다.**

언어적 센스가 있는
사람의 특징

언어 감각이 있는 사람에게는 다음과 같은 특징이 있다. 자신에게 언어 감각이 있는지 알고 싶다면 다음 여섯 가지 내용에 자신이 해당되는지 살펴본다.

- 상대가 이해하기 쉬운 말투를 쓰려고 노력한다. 반면 상대가 표준어밖에 모른다는 걸 알면서도 끝까지 사투리만 고집하는 태도는 이런 감각과 거리가 멀다.

- 언어 그 자체에 관심이 많아 해당 언어의 특징을 빠르게 파악한다. 누군가와 대화할 때 상대의 말투, 사용하는 단어, 결론에 이르는 방식, 문장의 길이, 발성의 느낌 같은 것들을 포착하는 데 능하다.

- 어떤 언어든 글자의 형태나 배열, 발음에 흥미를 느끼고 그 차이를 구별할 줄 안다. 그래서 영화나 TV에서 들리는 소리만으로 대략 어떤 언어인지 알아맞힌다.

- 궁금한 점이 생기면 망설이지 않고 사전을 찾는다. 늘 올바른 언어를 알기 위해 노력하기 때문에, 표기와 발음이 다른 경우가 외국어뿐 아니라 모국어에도 있다는 걸 알고 있다.

- 일상에 넘쳐나는 외국어 표현의 의미를 자주 찾아본다. 잘못 쓰인 외래어 표기를 몇 가지쯤 알고 있고, 모국어가 어색하게 쓰일 때도 쉽게 발견한다.

- 외국어 교육 방송이나 국제 뉴스에 관심이 많다. 모국어 대신 외국어로 설정해 보는 것을 즐긴다. 깊이의 차이는 있어도 기본적으로 어느 외국어에나 흥미가 있다.

이런 언어 감각이 없으면 외국어 공부는 고역이 된다. 그리고 그저 외국어를 잘하는 모습이 멋있어 보인다는 생각은 언어 감각과는 아무런 상관이 없다.

외국어 독학의
세 가지 요령

하나, 먼저 전체를
조망하라

본격적으로 외국어를 배우고자 할 때, 초급 교재를 사서 기초부터 조금씩 배워 가는 방법은 비효율적이다. 너무 느리기 때문이다. 대다수의 어학원과 학교에서 이 방법을 채택하고 있지만, 이런 방식은 낯설고 캄캄한 숲을 조금씩 헤쳐 나가는 것과 같다. 앞에 무엇이 있는지, 숲의 규모가 얼마나 되는지 알지 못한 채 나아가는 것이다. 그러다 보면 불안하고 힘들어서 중도에 좌절하기 쉽다.

외국어 공부를 중도에 포기하지 않으려면 먼저 언어를 한눈에 내려다보는 과정이 필요하다. **구체적으로 말**

하자면, 문법책을 이틀 정도에 걸쳐 처음부터 끝까지 훑어보는 것이다. 당연히 완벽하게 이해하며 읽을 수는 없을 것이다. 하지만 그래도 상관없다. 일단 전체를 보는 것이 목적이다. 마치 지도를 펼쳐 놓고 현재 위치를 파악하듯이, 내가 지금 어느 지점에 서 있고 무엇을 하고 있는지 감을 잡는 과정이다. 이것만으로도 수시로 밀려오는 막막함을 상당 부분 떨쳐 낼 수 있다.

문법책을 반복해서 읽다 보면 그 언어가 지닌 고유한 특징이 서서히 보이기 시작한다. 예를 들어 프랑스어와 한국어는 시간 감각이 상당히 다르고, 독일어는 동사의 형태와 위치가 영어보다 훨씬 복잡하다. 이런 언어적 특징이 흥미롭게 느껴진다면 이 또한 외국어 공부를 지속할 수 있는 힘의 원천이 된다. 무엇이든 재미를 느껴야 지속할 수 있고 한 단계 더 나아갈 수 있는 법이다.

둘, 어학사전도
독서하듯이 읽는다

어학사전은 예문이 풍부하여 두꺼운 것을 사야 한다. 단어의 뜻만 적힌 얇고 간단한 사전은 오히려 상급자용이다. 이른바 큰사전이라 불리는 두껍고 비싼 어학사전이 결국 도움이 된다. 비싸다고 해 봤자 청바지 한 벌 값도 되지 않는다.

어학사전은 단순히 단어의 뜻을 찾을 때뿐만 아니라 발음 기호와 강세를 확인하고, 어원을 살피며, 의미의 범위와 뉘앙스까지 파악할 수 있는 책이다. 수많은 예문을 읽고 그 단어가 어떤 상황에서 어떤 방식으로 쓰이는지 함께 익히는 것이다.

한 단어에 대한 설명을 꼼꼼히 읽어 두면, 머릿속에 깊은 인상이 남아 그 단어는 쉽게 잊히지 않는다. 반대로 뜻만 대충 알고 예문을 건너뛰면 몇 번이고 같은 단어를 다시 찾게 될 것이다. 그러니 한 단어씩 꼼꼼히 읽는 것이 노력과 시간 면에서 훨씬 경제적이다.

단어를 외우려고 따로 노력할 필요는 없다. 그 단어와의 첫 만남을 길게 가지면 자연스럽게 기억하게 된다. 수험생들은 단어장을 몇 번이고 넘기며 암기하려 애쓰지만, 이는 가장 비효율적인 방법이라고 생각한다.

단어를 많이 알면 좋은 점은, 그 외국어에 대한 재미가 커진다는 데 있다. 문법을 완벽히 모르더라도 단어를 아는 것만으로 문장의 의미를 짐작할 수 있기 때문이다. '알고 있다'는 감각만큼 인간에게 직접적인 즐거움을 주는 것은 드물다.

셋, 몰입하지 않으면
내 것이 되지 않는다

이제 필요한 것은 몰입이다. 스스로도 '내가 미친 게 아닐까?' 싶을 정도로 몰입해서 달려들지 않으면 원하는 수준에 도달할 수 없다. 선생이 못 가르친다느니, 교재가 별로라느니 하는 말은 결국 책임 전가일 뿐이다. 조건과 환경이 무색할 만큼 집중해서 파고드는 태도가 필요하다. 꿈속에서도 그 언어가 튀어나오고 모국어가 이상한 무늬처럼 느껴질 정도는 되어야 한다. 그 지경까지 매달려야 비로소 실제로 써먹을 수 있게 된다.

"뛰어난 실력까지는 필요 없어요. 그냥 외국 여행을 가서 통역 없이 쇼핑하고, 현지인과 가볍게 잡담할 정도면 충분해요."

이렇게 안이하게 말하는 사람들은 외국에서 처음 만난 타인과 자연스럽게 잡담을 나눌 수 있는 회화 실력이, 외국 대학 입학에 필요한 어학 실력보다 훨씬 높은 수준이라는 사실을 모르는 것이다. 그 수준은 이미 외국어로 사고할 수 있고, 자막 없이도 외국 영화를 처음부터 끝까지 이해할 수 있다는 뜻이다. 실제로 나 역시 외국 대학에 입학한 뒤 그러한 회화 실력을 갖추기까지 2년 반이라는 시간이 필요했다.

초심자도
독해력이 최우선이다

기본은 항상
읽는 힘이다

외국어 학습은 하면 할수록 성과가 난다. 열의를 갖고 공부한 만큼 실력이 좋아지는 것이지, 특별한 비법이랄 게 없다. 흔히 원어민에게 배우지 않으면 말문이 트이지 않는다는 속설이 있지만 이는 사실이 아니다. 그럴듯한 상업 선전 문구일 뿐이다.

외국어에 익숙해져 보겠다고 별 의미 없는 대화를 나누거나, 원어민 흉내를 내며 고작 단어 몇 개를 내뱉는 것보다 더 중요한 일이 있다. 바로 문장을 읽을 수 있는 능력을 기르는 것이다. **외국어 이해의 기반은 언제나**

읽는 힘, 즉 독해력에 있다. 다른 나라의 언어를 읽을 수 있다면 공부는 물론이고 일과 일상에서의 많은 부분에 도움이 된다.

외국 신문의 기사를 훑어보고 요지를 파악하는 능력, 외국어로 된 설명서를 읽고 이해할 수 있는 능력은 분명한 무기가 된다. 해외여행을 가서도 어설프게 회화 문장을 읊는 것보다, 안내문을 바르게 읽고 해석할 수 있을 때 훨씬 도움이 된다. 메뉴판을 읽을 줄 알고 가게에 적힌 주의 사항을 이해하는 사람과 그렇지 못한 사람의 여행이 이렇게 다를지 상상해 보라. 더군다나 요즘처럼 컴퓨터를 통해 세계와 연결된 시대라면 읽기와 쓰기의 중요성은 더욱 커질 텐데, 이 경우에도 말하기보다 먼저 갖춰야 할 것은 읽고 이해하는 힘이다.

제대로 읽는
힘부터 길러라

외국어 발음이 좋아도 알맹이가 없으면 소용이 없다. 당신이 만약 누군가와 제대로 된 지적 대화를 나누고 싶다면, 지적인 문장을 이해할 수 있어야 한다. 언어에서 중요한 것은 소리가 아니라 의미와 내용이다.

독일에 자우어크라우트^{Sauerkraut}라고 하는 유명한 곁들임 음식이 있다. 양배추를 식초에 절여 발효시킨 것으로, 보통 통조림으로 유통된다. 그런데 독일 요리를 판다는 몇몇 일본 식당에서 자우어크라우트를 주문해 보면, 통조림에서 꺼낸 것을 그대로 접시에 담아 내놓는 경우가 적지 않았다. 그것은 차갑고 딱딱하게 씹히는 양배추 초절임 그 자체였다.

그러나 진짜 자우어크라우트는 그런 음식이 아니다. 독일에서는 통조림의 내용물을 화이트 와인에 넣고 푹 끓인 뒤 손님상에 내놓는다. 이처럼 자우어크라우트는 걸쭉할 정도로 부드럽고 은은한 단맛과 신맛이 어우러지는 따뜻한 음식인데, 일부 식당에서는 그 사실을 모르는 것이다. 음식 사진을 보고 대충 흉내는 냈지만 기본적인 레시피도 제대로 읽지 않았을 것이다.

독해력을 제대로 갖추지 않은 사람이 대충 비슷하게 흉내 내는 모습을 보고 외국어 실력이 좋다고 착각하는 경우가 흔하다. 그러나 잊지 말아야 한다. 기초가 되는 읽는 힘이 없으면 말하는 힘도, 쓰는 힘도 따라오지 않는다는 사실은 너무나 당연하다.

빠르게 늘고 싶다면
무조건 많이 읽어라

독해력을 기르는 방법은 하나뿐이다. 계속 읽는 것밖에 없다. 모국어든 외국어든 마찬가지다. 많이 읽은 사람이 문장을 빠르고 능숙하게 이해한다. 그러니 흥미도 없는 외국어 신문 기사를 억지로 읽기보다, 자기가 좋아하고 이미 어느 정도 알고 있는 분야의 잡지나 책을 읽는 편이 훨씬 수월하다. 내용의 맥락을 짐작할 수 있으니 읽는 속도도 붙고 중도에 포기할 가능성도 줄어든다.

초보자용 교재는 내용이 지나치게 단순해서 질리기 쉽다. 가능한 한 실전에서 사용하는 진짜 문장을 읽는 편이 좋다. 이제 막 시작한 초심자라면 정확하게 읽지 못할 것이다. 그래도 상관없다. 내용을 이해하고 싶다는 의욕만 있다면, 사전을 찾아가며 어떻게든 큰 줄기를 파악하는 방식으로 읽어 나갈 수 있을 것이다.

이 방법은 겉으로 보기에 엉성하고 비효율적으로 보

일지 몰라도 외국어에 빠르게 익숙해지는 가장 단순하면서 효과적인 방법이다. 그리고 읽는 양이 늘어날수록 읽는 속도는 자연스럽게 빨라진다. 자기 나름의 방식으로 어느 정도 읽을 수 있게 되면 흥미가 커지고 자신감도 생긴다. 그 단계에 이르면 훨씬 빠른 속도로 실력이 늘 것이다.

외국어의 논리 패턴을
이해하라

익숙함에
기대지 않는다

외국어의 습득 비결은 '익숙해지는 것'이라는 말이 있다. 이는 외국어를 접하는 시간을 늘리라는 말을 달리 표현한 것이다. 언어를 습득하는 데 있어 지극히 당연한 이야기다. 그렇다면 외국어를 많이 접하기 위해 그 나라에 가서 살면 얼마나 도움이 될까? 현지인들과 적극적으로 어울릴 기회가 생기니 어느 정도 말이 트이고 발음이나 억양도 제법 그럴듯해질 것이다. 하지만 그렇다고 해서 그 외국어를 습득했다고 말할 수는 없다.

외국에 오래 살아서 말할 수 있게 된 사람의 외국어

는 유감스럽게도 상당 부분이 엉성하다. 문장을 정확하게 쓸 줄 모르거나 신문 기사를 바르게 이해하지 못하는 경우도 흔하다. 이런 사람들은 일상 회화는 가능할지 몰라도 언어의 깊이는 초등 수준을 넘기기 어렵다.

어느 언어든 고유한 구조와 깊이를 지니고 있다. 그 깊이를 모르는 상태라면 외국어에 많이 노출되었다고 해도 습득에는 한계가 있다. **언어는 저절로 습득되는 것이 아니다.** "이것만 하면 외국어를 쉽게 익힐 수 있다"라는 말은 대개 과장된 선전이고 사실상 거짓말에 가깝다.

당신은 왜 외국어를 배우려 하는가? 독학하는 사람에게 외국어는 허세나 장식이 아니다. 외국어는 유용한 도구다. 번역문으로 포착할 수 없는 원문의 뉘앙스를 이해하기 위한 도구다. 만약 당신에게 분명한 목적이 있다면, 공부 방식도 그 목적에 맞춰 쓸데없이 돌아가는 낭비를 줄여야 한다. 말하자면, 독해력을 기르는 공부를 시작해야 한다. 자료와 논문을 읽기 위한 외국어를 목표로 삼는 것이 가장 빠른 길이다.

회화가 쉽다는 것은
착각이다

　　　　　　　　외국어 학습에는 큰 오해가 하나 있다. 외국 신문이나 논문을 읽는 것보다 일상 회화가 더 쉽다는 생각이다. 그리고 그 오해에서 파생된 또 하나의 큰 오해는, 일상 회화가 가장 먼저 배워야 할 기초라는 믿음이다.

　하지만 사실은 정반대다. 살아 있는 인간과 마주 앉아 대화를 나누고, 서로의 미묘한 감정과 의도를 헤아리는 일은 신문 기사나 논문을 이해하는 일보다 훨씬 고차원적인 작업이다. 책도 비문학보다 문학을 읽는 편이 더 어렵다. 문학은 작가 고유의 문체가 있다. 어휘도 훨씬 풍부하며 단어와 문장 하나하나가 다층적으로 해석될 여지가 있다. 작가가 쓴 표현이 표면적인 뜻이 아니라 함축적 의미를 담은 경우가 많기 때문이다. 그 극단에 있는 장르가 시詩다.

　어떤 글이든 예술성이 높고, 뉘앙스가 미묘하며, 문화적 배경지식이 녹아 있고, 감성과 깊이 맞닿아 있는 영역일수록 이해하기가 가장 어렵다. 그에 비하면 신문 기사나 평론, 논문을 이해하는 일은 상대적으로 수월하다. 엉터리 글이 아닌 이상 논리가 일관되고 주장과 요지가 명확하기 때문이다. 각종 전문 용어가 잔뜩 들어가 있지만 사실 어휘 수는 그렇게 많지 않다. 표현 방식 역시 문예 작품만큼 다채롭지 않다. 한정된 구문을 반복적으로 쓰고 표현과 구성이 단순한 글이므로 해석할 때 큰 어려움이 없다.

구문을
익혀라

외국어 공부법의 방향을 잡았다면 그다음으로 할 일이 있다. 우선 구문을 익혀야 한다. 여기서 말하는 구문은 논리를 갖춘 문장에 자주 쓰이는 구문을 뜻한다. 이를테면 '이상의 사실로부터, 다음과 같은 결론이 도출된다'와 같은 표현처럼 논리 패턴의 틀이 되는 것을 말한다.

논리의 틀이 되는 구문은 구문집을 통해 익힐 수도 있고, 자세한 주석이 달린 신문에서 익힐 수도 있다. 구문은 개별적인 전문 용어보다 훨씬 중요하다. 논의의 방향과 결론을 좌우하는 것은 단어 하나하나가 아니라,

그것들이 배열되는 방식이기 때문이다. 구문을 모르면 단어의 뜻을 알고 있어도 논리가 어떻게 전개되고 어디로 수렴되는지 이해할 수 없다.

따라서 구문을 익히는 것이 무엇보다 중요하다. 다만 구문을 노트에 베껴 쓰고 매일 반복해서 암기하는 방식은 비효율적이다. 그렇게 외운 것은 금방 잊어버린다. 머리로 암기하지 말고 몸에 배어들게 하는 편이 훨씬 효율적이다.

이를 위해 가장 효과적인 방법은 그 구문을 응용하여 써 보는 것이다. 하나의 구문으로 30개 정도의 문장을 만들어 보면 자연스럽게 기억에 남는다. 20개 문장을 쓸 때쯤이면 이미 의식하지 않아도 그 구문이 튀어나오게 된다. 하루에 10개의 구문을 익힌다고 하면, 필요한 문장 수는 200~300개 정도다. 이것을 책상에 앉아 각 잡고 쓸 필요는 없다. 소파에 앉아 놀이하듯 쓰는 것만으로 몸에 익는다.

이런 식의 공부를 계속하다 보면 문장의 구조와 논리에 대한 감각이 예민해진다. 자신의 말이나, 타인의 주장 속에서 논리의 흐름이 또렷하게 느껴지기 시작한다. 언어에 대한 감성이 자연스럽게 다듬어지는 것이다.

그러면 당연히 자기가 쓰는 말도 이전보다 정확해진다. 실제로 외국어를 잘 구사하는 사람은 모국어를 할 때도 완벽한 형태를 띠는 경우가 많다. 반대로 외국어에 전혀 관심이 없는 사람의 말은 상당히 불완전한 경우가 많다. TV에 출연한 사람들의 말을 유심히 들어 보면 그 차이는 비교적 분명하게 드러난다. 외국어에 능숙한 인사일수록 모국어도 정돈된 문장으로 사용하는 경우가 많다.

코어 이미지를
파악하라

외국어를 처음 배우는 사람이 빠지기 쉬운 또 하나의 오해가 있다. 외국어를 모국어와 정확히 일대일 대응시킬 수 있다는 믿음이다. 예컨대 영어의 'run'이라는 단어를 '달리다'라고 기계적으로 치환해 버리는 식이다. 늘 간편한 사전에만 의존하면 이런 함정에 빠지기 쉽다.

나의 모국어인 일본어에는 run에 딱 들어맞는 단어가 없다. run은 단순히 동작을 가리키는 말이 아니다.

계속됨, 흐름, 이어짐과 같은 연속성을 포함한 개념이다. 이런 의미를 모두 포괄하는 단일한 일본어는 존재하지 않는다. 그래서 사전에 여러 가지 번역어가 실려 있는 것이다. 그리고 '달리다'라는 뜻이 맨 앞에 실렸다고 해서 가장 정확한 의미인 것도 아니다.

이처럼 단어는 각각의 개념을 가지고 있다. 그것은 딱딱하게 고정된 것이 아니라, 중심에 가까워질수록 짙어지는 안개와 같은 것이다. 이것을 '코어 이미지Core Image'라고 부른다. 각 단어의 코어 이미지를 알면 외국어 이해도가 비약적으로 높아진다. 만약 당신이 영어 초보자라면 전치사의 코어 이미지를 떠올리는 것이 가장 중요할 것이다.

코어 이미지는 숙련된 교사로부터 몸짓과 시각적 설명을 곁들여 배우는 것이 가장 효과적이다. 다행히 요즘은 교육 방송이나 학습 프로그램을 통해서도 이런 접근을 배울 수 있다. 교육 방송 채널에는 완성도 높은 콘텐츠가 매우 많으므로 이를 진지하게 활용한다면 형식적인 학습을 반복하는 것보다 훨씬 탄탄한 이해에 도달할 수 있을 것이다.

그 나라의 문화를 배우면
습득 속도가 빨라진다

외국어의 코어 이미지는 명사에도 있다. 예를 들어 '개犬'라는 단어를 보자. 개는 영어나 독일어에서도 단순히 동물의 종류를 가리키는 말이 아니다. 비참함, 불쌍함이라는 이미지도 있고 심지어 이교도라는 의미로 쓰이기도 한다. 이런 명사의 코어 이미지는 시대와 문화, 역사에 의해 형성되고 또 변화한다. 따라서 어학 지식만으로는 이를 정확하게 파악하기 어렵다. 종교나 역사에 대한 교양이 함께 필요하다.

교양이 있으면 '화이트 엘리펀트White Elephant'가 단순히 '하얀 코끼리'가 아니라 '처치 곤란한 선물', 즉 애물단지라는 뜻으로 쓰인다는 것도 자연스럽게 알게 된다. 교양이 깊을수록 외국어에 대한 이해가 깊어지고 정확해진다. 그래서 어른이 되어서 시작하는 어학 공부는 조금도 불리하지 않다. 오히려 유리하다고도 할 수 있다. 어학은 수학처럼 단계를 하나씩 통과해야만 다음으로 나아갈 수 있는 공부가 아니다. 하나의 개념을 다양한 시각으로 이해하는 것이 관건인 공부다.

따라서 외국어 학습 하나에만 몰두하는 것은 조금 부족하다. 동시에 많은 책을 읽고, 교양을 깊고 넓게 쌓아야만 외국어가 몸에 붙는 속도가 빨라진다. 외국어는 곧 그 나라의 문화이기 때문이다.

그것은 '정보'에 불과하다.

얼마든지 변할 수 있다.

스스로 조사해야 할 것은 사실에 가까운 지식이다.

"어떤 사안이든 스스로 조사해 보면
새로운 측면이 보인다.
인터넷에 검색하면 그럴듯한 답이 나오지만
그것은 '정보'에 불과하다.
이미 말했듯이 정보는 일시적인 것이며
얼마든지 변할 수 있다.
스스로 조사해야 할 것은 사실에 가까운 지식이다."

5장

질문의 세계

자신의 생각을 완성하는
사고법을 배우다

유명한 학자의 이론도
가설에 불과하다

명저라고
모두 옳은가?

공부를 위해 명저를 읽는 건 아주 좋은 일이다. 하지만 그 책의 내용을 처음부터 덮어놓고 맹신하는 태도는 옳지 않다. 유명한 학자가 제시한 이론이 곧 정답은 아니기 때문이다. 그런데 많은 사람이 이른바 명저에 적힌 내용이라면 대체로 진실이고 정답이라며 근거 없이 믿어 버리는 경향이 있다.

막스 베버는 경제사와 비교 사회학 분야에서 매우 저명한 학자 중 한 사람이다. 그의 대표작《프로테스탄티즘의 윤리와 자본주의 정신》은, 자본주의 발생의 비밀과 동기를 밝혀낸 책으로 널리 알려져 있다. 베버는 이 책에서 기독교 프로테스탄트 중에서도 칼뱅파와 그 계보에 있는 청교도들이 금욕적인 노동 윤리를 실천함으로써 자본주의의 토대가 형성되었다고 주장했다.

기독교 프로테스탄트는 16세기 중반, 마르틴 루터라는 수도사에 의해 독일에서 시작되었다. 프로테스탄트란 '반反교황주의'라는 뜻이다. 교황이나 성직자의 중개를 통해 신의 구원을 확신하는 것이 아니라, 개개인이 신과 직접 마주하고 있다고 주장하는 입장이다. 요컨대 반가톨릭이다.

이 사고방식은 '종교 개혁'이라 불리며 중세 유럽 각지로 빠르게 번졌다. 그중에서도 스위스에서 일어난 칼뱅의 종교 개혁은 극단적이었는데, 그는 신국神國 정치의 실현을 꾀했을 뿐 아니라 신의 구원이 이미 예정되어 있다고 했다. 즉, 누가 구원을 받을지는 이미 결정되어 있으며, 이는 현세의 삶과 행실을 통해 알 수 있다는 것이다.

예를 들면 매일 두 시간씩 이어지는 설교 시간에 졸거나 사회적 통념에서 벗어난 결혼을 하는 행위 등은 구원받지 못하는 사람의 징표로 해석되었다. 절약과 근면한 태도가 구원을 가늠하는 중요한 척도였기 때문이다. 만약 자신의 직업 노동에서 좋은 성과를 낸다면 그것은 신이 정해준 천직이기 때문에 일어난 일이며, 이는 곧 구원의 증표로 여겨졌다.

상황이 이러하니 칼뱅파 사람들은 불안과 공포를 품고 살 수밖에 없었다. 그들은 자기가 구원받았음을 스스로 증명하기 위해 적극적으로 금욕적인 생활을 하며 근면에 힘썼다.

베버는 바로 이 지점에서, 자신의 직업을 천명으로 믿고 헌신하는 이들에 의해 자본이 축적되면서 '자본주의 정신'이 만들어졌다고 설명한다. 단순히 인간의 영리욕이 자본주의를 낳았다는 논리가 아니라, 종교를 기점으로 인간의 내적 동기와 심리 구조에 주목했다는 점에서 베버의 해석은 분명히 획기적이었다.

그러나 역사적 맥락을 고려해 보면 베버의 설명이 다소 과도한 추론이 아닌가 하는 의문도 든다. 자본주의의 발전이 오로지 칼뱅파와 그 계보를 잇는 신자들에 의해서만 촉진되었다고 보기는 어렵기 때문이다.

새로운 이론을 세울
여지는 있다

프로테스탄트 루터파, 기존의 가톨릭 신자와 유대교도들 역시 근대적 자본주의의 발전에 깊이 관여해 왔다. 그 무대가 된 곳은 영국, 네덜란드, 미국 등이다. 이들 지역의 공통점은 이민지, 즉 인간의 이동이 있었던 곳이다. 새로운 땅에 새로운 사람들이 들어오면 그 땅은 새로운 자극을 받아 문화적으로나 경제적으로나 발전한다. 반대로 사람들의 유입이 없는 곳은 어느 면에서도 두드러진 발전이 일어나기 어렵다. 가까운 사례로 일본이 그렇다. 쇄국이 풀릴 때까지 일본은 학문과 경제 양면에서 크게 뒤처져 있었다. 이 사실은 같은 시기의 세계사 연표를 비교해 보기만 해도 알 수 있다.

유대교도의 이동은 유럽 각 지역의 경제 발전에 중요한 역할을 했다. 유대인들은 차별로 인해 언제든 추방될 수 있었다. 따라서 살아남기 위해 효율적인 상업 활동과 당장 생존에 도움이 되는 기술을 익히며 살았다. 또한 특정 국가에 귀속되지 않은 채 여러 지역을 옮겨 다녔기 때문에 기존의 전통이나 제도에 얽매이지 않고 비교적 자유로운 발상을 할 수 있었다.

앞서 언급했듯이 유럽 각국에서는 이미 중세부터 왕가와 지배 계급이 유대인의 금융을 활용해 전쟁 자금을 마련하고 환차익을 얻고 있었다. 유대인을 차별하면서 동시에 이용했던 것이다. 실제로 중세부터 근대에 일어난 전쟁들은 유대인의 금융과 장사 수완 없이는 유지될 수 없을 정도였다.

유대인이 무대 뒤편에서 세계 경제를 떠받치기만 한 것은 아니다. 그들은 차별 때문에 세계 각지에 흩어져 살며 자신이 이주한 지역의 경제를 발전시켜 왔다. 미국에 최초로 공장을 세운 이들도 유대인이었다. 17세기 중반 자메이카로 이주한 유대인들은 설탕 산업을 일으켰다. 지금도 유명한 자메이카 설탕은 현지인의 아이디어만으로 탄생한 것이 아니다.

이러한 사례들을 보면 베버의 이론은 다소 시야가 좁다고 느껴진다. 자본주의 발전의 내적 동기를 프로테스탄트, 그것도 칼뱅파의 윤리에만 귀속시키는 설명은 지나치게 단순하지 않은가.

결국 유명한 학자의 이론이라 해도, 꼭 정답이라 단정할 수는 없다. 모든 이론은 특정 시대와 조건 속에서 세워진 하나의 가설일 뿐이다. 그렇기에 기존의 이론을 의심하고 다른 가능성을 사유할 여지는 언제나 남겨 두어야 한다.

옳고 그름 대신
사고방식을 따진다

책을 통해
차이를 배운다

문화의 차이는 곧 사고방식의 차이다. 도둑질을 예로 들어 보자. 기독교 문화권에서 도둑질은 '죄'다. 반면 이슬람 문화권에서는 그 행위만으로 곧바로 죄가 되지 않는다. 결핍이라는 동기가 있어서 훔쳤다면 죄로 보지 않으며, 훔친 물건을 다시 돌려주면 죄를 묻지 않는다.

책의 차이도 내용이 아니라 사고방식의 차이다. 같은 주제를 다루더라도 저자나 시대에 따라 사고의 출발점과 전개 방식이 달라진다. 사고방식이란, 어디에서 출발해 어떤 경로를 거쳐 어떤 결론에 이르는가를 말한다. 책 속에 어떤 사고방식이 깔려 있는지는 한 권을 통째로 읽어야 드러나는 경우도 있고, 일부를 띄엄띄엄 읽는 것만으로 파악되는 경우도 있다. 이미 많은 책을 읽어 온 사람이라면 조금만 읽어도 사고방식의 윤곽을 짐작할 수 있다. 반면 경험이 적다면 한 권을 끝까지 읽고 나서야 그 사고방식을 이해하게 된다.

나와 직접적인 관련이 없는 분야라 해도 그 독서는 무의미하지 않다. 그 책만의 사고방식을 배울 수 있기 때문이다. 다양한 사고방식을 접하고 나면 나의 사고방식도 자연스럽게 확장된다. 응용력도 길러진다. 많은 사람들을 직접 만나는 것보다 훨씬 빠른 길이기도 하다. 그런 점에서 독서는 시야를 넓히는 데 있어 효율적이다.

나와 의견이 다른 책을 읽는 방법

사고방식 자체가 특징이 되는 책도 있다. 철학 전반이 그렇고, 에세이나 사상서 중에서도 어떤 결론보다는 사유하는 방식 자체가 중요한 책들이 있다. 이런 책들은 어떻게 생각이 전개되어 가는지를 보여 주는 데 초점을 맞춘다.

이 저자의 의견에 찬성할지 말지를 따져 가며 읽는 것은, 호불호와 이득의 유무에 따라 사람을 가려 가며 사귀는 태도와 크게 다르지 않다. 이왕 손에 들린 책을 읽기로 결심했다면, 새로운 사람을 이해하듯이 책에 드러난 다양한 사고방식을 차분히 관찰해 보자. 그것이 자신의 사고방식을 다듬는 데 가장 효과적인 방법이다.

유대인은 머리가 좋다고들 한다. 이유는 명확하다. 오래전부터 수많은 사고방식을 배워 온 집단이기 때문이다. 그들은 기원전부터 성서와 《탈무드》를 통해 사고 훈련을 해 왔다. 《탈무드》는 성서의 주석과 해석을 담은 책으로, 기원전부터 주석과 해석이 계속 늘어났다. 지금은 전권을 옮기려면 트럭이 필요할 정도로 방대해졌다.

그들은 그 방대한 주석과 해석 가운데 어느 하나도 결정적인 정답으로 여기지 않는다. 각각은 그 시대와 상황 속에서 형성된 하나의 견해, 다시 말해 하나의 사례로 제시되어 있을 뿐이다.

유대인은 어릴 때부터 성서를 읽고, 열다섯 살 무렵부터 《탈무드》를 읽으며 스스로 생각하는 힘을 기른다. 이는 신의 뜻을 헤아리려는 종교적인 행위인 동시에 여러 사고방식을 익히는 과정이기도 하다. 그 결과 유능한 인재를 많이 배출하였다.

책이란, 그 내용이 무엇이든 무조건 믿고 받아들여야 하는 금과옥조가 아니다. 더 깊이 생각하기 위해 존재하는 도구이다. 중요한 건, 옳고 그름이 아니라 하나의 견해로서 그것이 어떻게 성립했는가다. 결론보다 그 결론에 이르기까지 어떤 사고의 경로를 밟았는지를 읽어 내는 일이 중요하다.

그 과정을 보려고 할 때, 우리의 두뇌는 비로소 움직이며 생각하기 시작한다. 지성은 바로 그 지점에서 출발한다. 이는 타인이 대신해 줄 수 없는 일이며, 오직 자신의 의지로 이루어지는 독학의 영역이다.

직접 조사하고 정리해야
머리에 남는다

살아 있는 지식을
얻는 법

어떤 사안이든 스스로 조사해 보면 새로운 측면이 보인다. 인터넷에 검색하면 그럴듯한 답이 나오지만 그것은 정보에 불과하다. 이미 말했듯이 정보는 일시적인 것이며 얼마든지 변할 수 있다. 스스로 조사해야 할 것은 사실에 가까운 지식이다.

지식은 어떤 사실에 대한 '표현'이다. 그래서 필연적으로 가공과 편집이 들어간다. 하나의 사실에 얼마든지 다른 색을 입힐 수 있기에, 어떤 지식도 사실 그 자체와 완전히 일치한다고 보기는 어렵다. 그럼에도 어떤 사안이든 직접 조사해 볼 가치는 있다. 조사 과정에서 기존에 접하지 못했던 관점이나 새로운 지식에 도달할 가능성이 있기 때문이다.

자신이 관심을 둔 사안을 조사할 때 가장 큰 장애물은 편견과 선입견이다. 편견을 품은 채 진행하는 조사는 처음부터 결론을 정해 놓고 자료를 모으는 일과 다르지 않다. 그런 조사에서는 새로운 발견이 나올 수 없다.

키워드를
적어 본다

그다음 해야 할 일은 조사 대상을 '언어화'하는 것이다. 조사하고 싶은 사항의 키워드를 몇 가지 뽑아 써 본다. 이때 개념이 지나치게 넓은 단어를 중심에 두지 않는 것이 중요하다. 예를 들어 '무사의 생활 실태'를 조사하고 싶다면, '무사'라는 단어 자체를 키워드로 삼지 않는다. 대신 보다 구체적인 항목들로 나눈다. 예를 들면 '무사의 녹봉', '무사의 주거', '무사의 권한과 의무', '무사의 결혼',

‘무사의 수’ 같은 식이다. 이런 키워드는 조사 과정에서 계속 늘어나므로 처음부터 범위를 고정하지 않도록 한다.

다만 개념이 큰 단어에 대해서는 반드시 어원을 조사한다. 실제로 ‘무사’에 대해 조사하면 모노노후もののふ[1]나 사부라이さぶらい[2] 같은 표현을 만나게 될 텐데, 이런 단어들의 어원을 함께 살펴보면 무사라는 개념이 언제쯤 형성되었는지도 가늠할 수 있다.

그다음에는 여러 종류의 백과사전에서 키워드와 각종 용어를 찾아본다. 이 과정에서 참고해야 할 책이 무엇인지 자연스럽게 알아낼 수 있다. 도서관 검색대에서 관련 키워드를 입력해 어떤 책들이 있는지 확인한 이후에는, 실제로 책을 펼쳐 목차부터 살핀다. 자신의 조사 목적과 맞는 내용이 있는지 확인하고, 필요

---

1   고대 일본에서 무사 계층을 가리키던 말로, 문자 그대로는 ‘무기를 지닌 사람’ 혹은 ‘싸움을 맡은 사람’을 뜻한다. 헤이안 시대 이전 문헌에도 등장하며, 후대에 정착한 ‘사무라이’라는 명칭보다 오래된 표현이다. 주로 무력행사와 군사적 역할을 담당한 집단을 가리키는 말로 쓰였다.

2   ‘곁에서 섬기다’라는 뜻의 사부라우さぶらう에서 나온 말로, 처음에는 특정 계층이 아니라 유력자 곁에서 봉사하던 사람을 가리켰다. 이후 무력을 갖춘 봉사 집단을 뜻하는 말로 굳어졌다.

하다고 판단되는 부분은 복사해 둔다.

학술서라면 목차가 각 장의 내용을 비교적 충실하게 반영하고 있을 것이다. 종종 권말의 색인이나 참고문헌 목록에서 더 알아보면 좋을 책들을 발견할 수도 있다.

직접 책을
구한다

이 과정을 거치다 보면, 어떤 책을 읽으며 조사를 이어 나갈지 서서히 윤곽이 잡힌다.

다음 단계는 그 책들을 직접 구하는 일이다. 제목만 읽고 온라인 장바구니에 담는 방식은 그다지 현명하지 않다. 가능하다면 서점에서 직접 확인하는 편이 좋다. 제목이 내용을 정확히 반영하지 않는 책도 있고, 서가를 살피다 보면 더 적절한 책을 우연히 발견하는 경우도 있기 때문이다.

절판된 책은 인터넷이나 헌책방에서 찾을 수밖에 없다. 헌책방을 일일이 돌아다니는 일은 번거롭지만,

그 과정에서 중요한 책을 우연히 만나는 경우가 있다. 나는 매번 자료를 찾을 때마다 그런 경험을 했다.

이렇게 모은 책은 주제 하나당 적어도 50권 이상인 게 보통이다. 물론 모든 책이 중요하지는 않기에 선별이 필요하다. 골라 읽거나 훑어보며 중요도를 매겨 분류한다. 한 권을 판단하는 데 몇 분이면 충분하다.

이 단계에서 통째로 꼼꼼히 읽어야 할 책과 일부만 참고하면 되는 책이 가려진다. 분류한 책들은 상자에 나눠 담아 두면 좋다. 자료는 그때그때 정리해 두지 않으면 금세 감당하기 어려워진다. 그렇게 정리한 뒤에야 비로소 정독 단계로 들어갈 수 있다.

그런데 몇 권을 읽다 보면, 처음에는 꼭 읽어야 할 것처럼 보였던 책이 실제로는 그다지 중요하지 않다는 사실을 깨닫기도 한다. 그런 시행착오는 낭비가 아니다. 헤매고 되돌아가는 과정을 거치면, 무엇이 중요한지 판단하는 눈이 생기는 법이다.

'정독할 가치가 있는 책'이란, 내 생각과 비슷한 책을 뜻하지 않는다. 객관적으로 서술되어 있고, 논리가 왜곡되지 않은 책을 말한다. 저자의 유명세와는 아무런 상관이 없다.

단어를
제대로 조사한다

오래전에 쓰인 책을 읽을 땐 단어의 뜻에 유의하며 읽어야 한다. 같은 표현이라도 저자가 누군지, 집필된 시대가 언제인지에 따라 의미가 달라질 수 있기 때문이다.

예를 들어 19세기 서적에 등장하는 과학이라는 단어는 오늘날 우리가 사용하는 의미처럼 엄밀하지 않았고, 평등이나 법 개념 역시 근대와 현대 사이에 분명한 차이가 있다.

특히 '빚'에 대한 인식은 크게 달라졌다. 현대와 달리 근대에서 빚을 갚지 못하는 일은 많은 사회에서 죄악시되었기에 노예가 되거나 범죄자 취급을 받았다. 실제로 찰스 디킨스의 아버지는 수십 파운드의 부채 때문에 감옥에 갇혔다. 불과 19세기 영국에서 벌어진 일이다.

화폐의 쓰임 역시 지금과는 달랐다. 서구 중세 초기까지 화폐는 주로 세금을 납부하는 데 사용되었으며, 지금처럼 서민이 일상적으로 화폐로 물건을 사고파는 사회는 아니었다.

이처럼 현대의 가치관과 기준으로 고전에 적힌 내용을 판단하면 오해에 빠질 가능성이 크다. 오래된 책일수록 단어와 개념을 더욱 조심스럽게 다뤄야 하는 이유가 여기에 있다.

적혀 있는 내용을
의심한다

책에 적힌 내용이 전부 사실이라는 보장은 없다. 그래서 언제나 사안 그 자체를 의심하는 태도가 필요하다. 하나의 이론을 읽을 땐, 그와 정반대의 이론을 서술한 책도 읽어 본다. 서로 다른 설명을 나란히 놓고 보면 어느 쪽에 편견이나 과장이 있는지 알 수 있다.

무사도武士道를 예로 들어 보자. 역사적으로 무사 정신이 실재했다고 전제한 책들이 있는가 하면, 그 자체를 부정하는 연구도 있다. 그중 한 권이 사에키 신이치의 《무사도는 없다》이다. 이 책에는 니토베 이나조[3]

---

3 '무사도'라는 용어를 제창한 인물.

가 쓴 《무사도武士道》에 대해 이렇게 설명했다.

《무사도》는 일본사에 별로 밝지 않은 니토베가 자기 뇌리에 있는 '무사'의 이미지를 부풀려서 창조해 낸, 하나의 창작물로서 읽어야 할 서적이지, 역사적인 뒷받침이 있는 것은 아님을 새삼 확인해 두어야겠다.

이러한 주장에는 구체적인 근거가 함께 제시되어 있다. 시선을 서양으로 돌려 보면, 중세 유럽에는 '기사도騎士道 정신'의 이미지가 실제로 존재했던 것처럼 받아들인다. 그러나 이 역시 중세에 만들어진 기사 이야기, 즉 로맨스Romance 문학에서 형성된 이미지에 가깝다. 실제 기사들은 보수를 받으면 얼마든지 주군을 바꾸는 용병에 가까웠다.

더 나아가, 전쟁이 없을 때의 기사들은 강도나 살인을 일삼는 난폭한 존재였다는 기록도 적지 않다. 십자군을 소집한 교황의 발언 중에는 "이 기회에 평소 강도질과 살인을 일삼던 성가신 기사들을 한꺼번에 치워 버릴 수 있겠다"라는 취지의 말까지 남아 있다. 이처럼 책에 적힌 설명이나 널리 퍼진 이미지는 언제든

다시 의심하고 점검해 볼 대상이 된다. 그것이 읽기의 출발점이다.

조사하면 할수록 의외의 사실이 조금씩 드러난다. 그 경험이 쌓이면 이후 다른 책을 읽을 때도 논리의 어느 지점에 편견이 개입되어 있는지, 무엇이 근거 없는 주장인지 보이기 시작한다. 흔히 말하는 '통찰력'이나 '사고력'이 좋아진다는 것은 바로 이런 상태를 가리킨다.

책을 읽고 곧이곧대로 믿는 건 맹목적인 신앙과 다름없다. 그게 아니라면 부화뇌동일 뿐이다. 실제로 많은 사람이 이런 태도로 살아가고 있다. 그 벽을 깨고 사실에 최대한 가까이 다가가는 것, 그것이 바로 독학을 통한 조사다. 그 과정에서 저절로 새로운 견해와 새로운 발상이 태어날 것이다.

알고 싶은 것을
제대로 조사하는 7단계

1. 주제에 따른 키워드 선별하기

2. 키워드의 어원과 현대에 와서 달라진 의미 조사하기

조사할 키워드 또는 조사 중 자주 나오는 관련 용어, 어구, 전문 용어 등의 의미 범주를 파악한다. 같은 단어라도 시대나 나라에 따라 의미 범주가 다르다. 예를 들어 거리 단위인 '1리(一里)'는 시대에 따라 4킬로미터인 경우도 있고 500미터인 경우도 있다. 색의 이름과 실제 색상도 나라에 따라 상당히 다르다.

3. 주제 범위의 역사적 환경 파악하기

역사적 사건이 기록된 지도 등을 통해 세계사를 비교하고 당시의 전쟁이나 사건, 인구 이동 등의 배경을 고려한다. 그 시대의 중요 인물도 파악해 둔다. 관련 역사서는 반드시 읽어 둔다.

4. 종교적 환경 파악하기

변화를 초래하는 정치적 환경뿐만 아니라 종교적 환경
도 조사한다. 유대교, 기독교 가톨릭, 프로테스탄트, 이
슬람교에 대한 기초 교양은 필수다. 종교적 환경을 파악
하면 이해의 정확도가 높아진다.

5. 그 시대 사람들의 생활환경 파악하기

민족지(民族誌) 등을 참고해 그 시대 사람들의 생활 전
반을 고려한다. 오래된 시대일수록 정치인과 서민의 생
활 격차가 크다는 점에 유의한다. 역사 교과서 등에 기
록된 내용은 정치인과 지도자의 동향이 대부분이다.

6. 주제와 직접적으로 관련된 책과 자료 선별하기

- 한 명의 저자나 특정 학파에 치우치지 않는다.
- 특정 견해에 편을 들지 않는다.
- 주장이 상반되는 책을 함께 읽는다.
- 명저의 내용을 무조건 옳다고 믿지 않는다.
- 안이한 해설서에 의지하지 않는다.

7. 연구를 시작하기

프리 노트를
가지고 다닌다

적어 두면 의문이 해결되는
프리 노트

공부를 하다 보면 크고 작은 의문과 발상이 자연스럽게 떠오를 때가 있다. 이 생각들이 휘발되기 전에 바로 적어 둘 수 있도록 '프리 노트'를 가지고 있으면 도움이 된다. 이 노트에는 공부하면서 자연스럽게 파생된 의문을 써 둔다. 그때그때 기록해 놓으면 언젠가 뜻밖의 계기로 답을 알게 되는 순간이 찾아온다. 예를 들면 이런 식이다.

'엘리베이터의 시초는 언제일까?'

⇨ 현재까지 알려진 가장 오래된 엘리베이터는 기

원전 40년 무렵 팔레스타인을 로마 제국으로부터 위임받았던 헤롯왕의 궁전에 있었다. 물론 사람의 힘으로 움직였지만, 위아래로 사람을 이동시키는 구조를 갖추고 있었다.

'왜 중세 회화에는 갓난아기는 그려져 있어도, 어린이는 거의 보이지 않을까?'

⇨ 중세에는 오늘날 기준으로 초등학생 정도의 나이부터 어른과 다름없이 노동에 참여했고, 지금과 같은 '어린이'라는 개념 자체가 존재하지 않았다.

'왜 군인이었던 데카르트는 겨울에 독일에서 비교적 한가롭게 지낼 수 있었을까?'

⇨ 당시에는 겨울철에 전투를 중단하는 것이 관행이었다.

이런 질문들은 하나하나만 보면 잡학처럼 보이기도 한다. 하지만 이렇게 사소해 보이는 지식들이 쌓이면 고전을 읽을 때 이해의 깊이를 더해 준다. 현대에 사는 우리는 과거 사람들의 생활 감각과 사고방식을 거의 알지 못하기 때문이다.

프리 노트에는 당연히 자신이 읽고 있는 책에서 생긴 의문도 적어 둔다. 나는 비트겐슈타인의《논리-철학 논고》를 읽다가 마지막 문장이 도무지 이해되지 않아 노트에 적어 두었다.

말할 수 없는 것에 대해서는 침묵해야 한다.

나는 그 문장을 '말할 수 없는 것, 비트겐슈타인'이라고 메모해 두었다. 그리고 얼마 후 그 의미를 이해하게 되었다. 여기서 '말할 수 없는 것'이란 신과 관련된 신비의 영역을 가리킨다. '침묵해야 한다'라는 말은, 그것을 언어로 설명하려 드는 순간 언어의 한계 때문에 왜곡이 생길 수밖에 없다는 뜻이다.

그 의미를 깨닫게 된 계기는 종교였다. 비트겐슈타인 사상의 바탕에는 가톨릭이 있고, 그 관점에서 다시 보면 그의 철학이 또렷하게 드러난다.

프리 노트
쓰는 법

프리 노트는 정갈하게 쓸 필요가 없다. 오히려 거친 글씨로 자유롭게 메모하는 게 더 낫다. 때로는 큰 글씨로 적기도 하고 때로는 작은 글씨로 적기도 할 텐데, 거기에는 메모할 때 자신의 관심도나 감정이 묻어난다. 그래서 전자 노트여서는 안 된다. 전자 노트에 쓴 메모는 비교적 농담이나 강약이 드러나지 않기 때문이다. 이렇게 되면 모든 메모가 개성이 없어져, 마음에 남지 않고 인상도 흐릿해진다. 프리 노트를 정리해서 PC에 옮겨 적는 것도 메모의 의미를 없애 버리는 일이다.

노트는 무엇을 쓰든 상관없다. 나는 40매짜리 원고지를 쓰는데, 칸을 무시하고 쓴다. 이 프리 노트에는 발상이나 의문점 말고도 나에게 필요한 책의 제목을 그때그때 적어 둔다. 나중에 그 책이 불필요하다 싶으면 얇은 줄을 그어 지운다. 검게 덧칠하지 않는 이유는 무엇이 필요하지 않게 되었는지 나중에도 알 수 있게 하기 위해서다.

복사한 것의 일부를 붙여 두기도 한다. 그야말로 자

유롭게 써도 되는 노트지만, 주의할 점은 있다. 가급적 한 페이지에 두 가지 이상의 서로 관계없는 내용을 메모하지 않도록 한다. 여러 가지를 적어 두면 그저 잡동사니 기록이 되어 수습이 안 되고, 나중에 메모별로 정리할 수 없게 된다.

또한 메모한 페이지 뒷면에는 쓰지 않도록 한다. 즉, 공책이라면 단면만 쓴다. 이 역시 나중에 관련 메모끼리 정리하기 쉽게 하기 위해서다. 그 밖에도 여러 아이디어를 더할 수 있겠지만, 프리 노트에 메모하는 행위 자체에 너무 집착하는 건 본말이 전도된 일이므로 여기까지 쓰겠다.

도서관에서 독학하는
사람들을 위한 팁

메모와 복사물을
한곳에 모은다

도서관은 지식의 보고다. 방대한 자료와 수많은 고전이 구비되어 있다. 도서관보다 인터넷으로 찾는 것이 더 빠르다는 인식도 있지만, 실제로는 도서관에서 찾는 편이 더 빠르고 정확하다. 도서관은 독학자에게 없어서는 안 될 장소다.

일본은 도서관이 많은 나라다. 다만 도서관마다 소장 도서와 시설의 수준은 제각각이다. 요즘은 잡지나 오락 서적을 위주로 빌려주는 곳도 많다. 그렇다 해도 서가에 고전이 남아 있는 한, 여전히 지적 가치가 높은 공간이다.

그러나 독학에 필요한 책을 전부 도서관에서 해결하려는 태도는 바람직하지 않다. 깊이 파고들어야 할 책은 구입해 자기 것으로 만들어야 한다. 도서관은 이미 절판된 책이나 오래된 자료처럼 구하기 어려운 것을 찾을 때 활용한다.

자료를 정리하는 방법은 여러 가지다. A4나 B4 크기의 봉투에 복사한 자료와 관련된 메모를 넣고 봉투 겉면에 날짜를 적어 두는 방식이 있다. 봉투 대신 클리어 파일을 쓰면 내용을 한눈에 알아보기 더 쉽다. 기록할 메모지는 크기와 형식을 통일해 두면 깔끔하게 정리할 수 있다.

조사한 기록을 컴퓨터에 입력해 관리하는 방식은 추천하지 않는다. 자료 복사본과 따로 놀게 되어 관리가 어려워질 뿐 아니라, 데이터가 사고로 소실될 가능성도 있다. 손으로 쓴 메모를 자료와 함께 파일에 묶어 두는 방식이 가장 안전하다.

의문 노트를
만든다

도서관에서 조사를 하기 전에 '의문 노트'를 미리 만들어 두면 방향성이 확실해진다. 조사 대상에 관한 의문점을 기록한 노트다. 의문점이 떠오른 날짜도 꼭 적는다. 이렇게 하면 독학이 무르익는 과정을 눈으로 확인할 수 있다.

나는 판지板紙를 사용한다. 거기에 한 가지 주제에 대한 문제점, 더 깊이 파고들어야 할 사항, 떠오른 의문을 적어 나간다. 이 방법은 책 집필을 업으로 삼고 있고, 그동안 축적한 지식을 응용할 수 있다는 개인적인 조건에 기반한 것이라 모두에게 쓸 만한 방법은 아니다. 그렇지만 하나의 판에 문제점을 모두 적어 두면 전체를 조망할 수 있다는 장점이 있어 응용할 만하다. 이 방법은 조사 도중 사소한 사항에 빠져 큰 흐름을 잊어버리는 실수도 막을 수 있다.

처음 조사를 시작할 땐 여러 백과사전을 훑어보는 게 기본이다. 내가 알고자 하는 것이 일반적으로 어떻게 설명되고 있는지 먼저 알아 둬야 한다.

물론 백과사전의 설명을 그대로 믿어서는 안 된다.

내용이 부정확한 경우도 있고 특정한 관점에 치우쳐 있거나 통설만을 반복하는 경우도 있기 때문이다. 인터넷의 백과사전이라 불리는 '위키피디아'는 특히 유의한다. 그것은 일종의 무책임한 놀이에 가깝고 개별 기사들도 신뢰하기 어렵다.

가장 가까운 도서관을 찾아라

찾는 책이 도서관에 없다면 다른 도서관에서 빌려 오는 방식인 상호대차 제도를 이용할 수 있다. 대학 도서관도 마찬가지다. 지식은 원래 열려 있는 법이다. 대학 도서관은 일반인이 이용할 수 있는 조건이 대학마다 다르니 직접 문의해 보는 것이 빠르다.

만약 책을 대출하지 않고 열람만 해도 충분하다면 장서가 풍부한 대형 도서관을 활용하는 게 좋다. 물론 집 근처에 도서관이 있다면 그곳을 적극적으로 이용하는 것이 효율적이다. 자주 방문해서 어느 서가에 어떤 책이 있는지 감이 잡히면, 조사 속도와 정확도가 눈에 띄게 좋아진다.

만약 생활권 안에 제대로 된 도서관이 없다면, 그 지역의 행정이 무엇을 우선순위에 두고 있는지 돌아볼 필요가 있다. 도서관이 부실하다는 사실은 그 지역이 지식과 학습을 얼마나 가볍게 여기는지를 보여 준다. 행정의 재정이 아무리 어려워도 도서관, 병원, 학교만큼은 충실히 유지되어야 한다. 이 세 가지를 방치하는 것은 인간적인 행정이라 보기 어렵다.

오직 '나'를 위한
공부를 시작할 것

독학을 계속하면 인생이 바뀐다. 지식이 늘고, 그에 따라 사고방식과 관점이 넓어지기 때문이다. 사고방식이 달라지면 가치관과 행동도 달라진다. 그 행동은 자연스럽게 타인의 눈에 띄고, 주변의 인간관계 역시 변해 간다. 그렇게 인생이 바뀐다.

독학을 하다가 자신에게 큰 영향을 미치는 책을 만나기도 한다. 그런 책은 평생 몇 권 정도에 불과하지만, 인생의 확실한 벗이 되어 준다. 그런 책을 갖는 것은 분명 커다란 행복 중 하나다.

인생을 즐긴다는 것은 돈을 써 가며 향락적인 나날을 보내는 것이 아니다. 하루하루 자신이 관여하는 사항이나 일에서, 그리고 만나는 사람들에게서 소중한 의미를 찾아내고 솟구치는 기쁨을 느끼며 살아가는 것이다.

그런 인생을 살기 위해 독학이 필요하다. 독학을 통

한 성장과 변화는 인간의 내면에서부터 일어나기 때문이다. 타고난 환경이나 시대, 문화적인 영향도 물론 인간을 변화시킨다. 강연이나 세미나를 통해 자기 변화를 느끼는 사람도 있다. 하지만 독학에 의한 변화야말로 인간의 가장 깊은 곳에서 일어나는 변화다. 이는 누구나 체험하고 증명할 수 있는 것이다.

경험을 했다고 해서 인생이나 세상을 많이 안다고 말할 수는 없다. 경험은 어디까지나 개인적이고 일회적일 뿐이다. 지나가 버린 경험은 스스로 심화하거나 탐구하지 않는 한 쌓이지 않는다.

그러나 지식은 보편적이며, 인간이 고대부터 쌓아 올린 것이다. 이것이야말로 인류의 보물이다. 이 세상에 살면서 인류의 보물이 발하는 빛을 향유하는 것, 그것이 독학이다.

독학을 통해 자신을 안에서부터 빛나게 하는 일. 이것 또한 인간의 아름다움 가운데 하나다. 그리고 그런 인간이 되는 일은, 바로 지금 이 순간부터 누구나 시작할 수 있다.

생각하는 힘을 잃어버린 어른들을 위한

독학이라는 세계

1판 1쇄 발행 2026년 4월 1일
1판 3쇄 발행 2026년 4월 23일

지은이 시라토리 하루히코
옮긴이 양필성
펴낸이 이주화

기획편집 임지연
콘텐츠 개발팀 임지연, 여수진
콘텐츠 마케팅팀 안주희, 정유진
디자인 STUDIO 보글

펴낸곳 ㈜클랩북스 **출판등록** 2022년 5월 12일 제2022-000129호
주소 서울시 마포구 어울마당로3길 5, 201호
전화 02-332-5246 **팩스** 0504-255-5246
이메일 clab22@clabbooks.com
인스타그램 instagram.com/clabbooks
블로그 blog.naver.com/clabbooks
페이스북 facebook.com/clabbooks

ISBN 979-11-93941-64-5 (03100)

㈜클랩북스는 독자 여러분의 책에 관한 아이디어와 원고 투고를 기다리고 있습니다.
책 출간을 원하시는 분은 이메일 clab22@clabbooks.com으로 간단한 개요와 취지, 연락처 등을 보내주세요.
'지혜가 되는 이야기의 시작, 클랩북스'와 함께 꿈을 이루세요.